MW00781445

Cómo GANAR *el* CORAZÓN *de tus* HIJOS

Gana la Batalla Por el Corazón de Quienes Más Amas

Jimmy y Aída Cornejo

WHITAKER
HOUSE

A menos que se indique lo contrario, las citas de la Escritura son tomadas de la *Santa Biblia, Reina-Valera 1960* (RVR), © 1960 Sociedades Bíblicas en América Latina; © renovado 1988 Sociedades Bíblicas Unidas. Usadas con permiso. Todos los derechos reservados. Las citas de la Escritura marcadas (NVI) son tomadas de la *Santa Biblia, Nueva Versión Internacional*®, nvi®, © 1999 por la Sociedad Bíblica Internacional. Usadas con permiso. Todos los derechos reservados. Las citas de la Escritura marcadas (NTV) son tomadas de la *Santa Biblia, Nueva Traducción Viviente*, © 2008, 2009 Tyndale House Foundation. Usadas con permiso de Tyndale House Publishers, Inc., Wheaton, Illinois 60189. Todos los derechos reservados. Las citas de la Escritura marcadas (LBAD) son tomadas de *La Biblia Al Día* Vida Pub (Octubre 6, 1998). Usadas con permiso. Todos los derechos reservados. Las citas de la Escritura marcadas (DHH) son tomadas de *La Biblia Dios Habla Hoy* (Spanish) 1991 American Bible Society. Usadas con permiso. Todos los derechos reservados. Las citas de la Escritura marcadas (NBLH) son tomadas de *La Nueva Biblia Latinoamericana de Hoy* © Copyright 2005 by The Lockman Foundation, La Habra, California 90631. www.NBLH.org. Usadas con permiso. Todos los derechos reservados.

Editado por: Ofelia Pérez

Cómo ganar el corazón de tus hijos
Gana la batalla por el corazón de quienes más amas
ISBN: 978-1-62911-764-5
Ebook ISBN: 978-1-62911-765-2
Impreso en los Estados Unidos de América
© 2016 por Jaime Cornejo y Aída Martínez

Whitaker House
1030 Hunt Valley Circle
New Kensington, PA 15068
www.whitakerhouseespanol.com

Por favor, envíe sugerencias sobre este libro a: comentarios@whitakerhouse.com. Ninguna parte de este libro puede ser reproducida o transmitida de ninguna manera o por ningún medio, electrónico o mecánico —fotocopiado, grabado, o por ningún sistema de almacenamiento y recuperación (o reproducción) de información— sin permiso por escrito de la casa editorial. Por favor, para cualquier pregunta dirigirse a: permissionseditor@whitakerhouse.com.

5 6 7 8 9 10 11 **UJ** 21 20 19

Contenido

Primera Parte

¿Cómo PERDEMOS el CORAZÓN de nuestros HIJOS?

1

Una **TAREA** *difícil*

*"Oh, hijo mío, dame tu corazón; que tus ojos se deleiten en
seguir mis caminos"* (Proverbios 23: 26 NTV).

Me parece que esta es una declaración de cualquier padre o madre,
y uno de los deseos más hermosos de cada uno de ellos. Pero no
es fácil que se haga realidad. La mayoría de los hijos, sobre todo
en la adolescencia, están dispuestos a entregar su corazón a muchas
cosas, pero no a sus padres. Y eso es algo que duele, y mucho.

"¿Por qué es tan difícil?", me dijo la mujer mientras se cubría la cara
con las manos. "Amo a mi hija, pero no puedo llevarme bien con ella.
Cuando no está, la extraño, pero cuando estamos juntas no podemos
estar en paz. Parece como si ella me odiara." Su hija no la odia. También
se lamenta por no poder abrir su corazón ante su madre. La ama,
pero no soporta estar en la misma habitación con ella.

Fuimos creados para vivir en amor, con relaciones armoniosas, sin contienda, confusión ni dolor. Dios quiere que nuestras vidas estén libres
de división, y nos creó con ese deseo interno. Él quiere que vivamos en
paz los unos con los otros. Aunque este es el deseo de Dios, y nuestra
alma no está hecha para cargar tanto conflicto, no es la forma común
en la que vivimos. Al contrario, nos pasamos llenos de contiendas que
causan estragos en nuestras vidas, dejándonos heridos y enojados los
unos con los otros, sobre todo en la familia.

¿Por qué? ¿Por qué es tan difícil? ¿Por qué las relaciones que deberían
ser las más amorosas y seguras, se convierten en dolorosas y violentas?

Cada vez vemos familias separadas, relaciones rotas entre aquellos que más decimos amar. Basta mirar alrededor para darse cuenta de que hoy día existe falta de respeto, desamor, y hasta odio entre las familias. Padres que lastiman y dañan a sus propios hijos; hijos que odian y no respetan a sus padres.

Tal vez le parece que la palabra odio es muy fuerte, y podemos disimular el sentimiento mencionando otras palabras, maquillándolo un poco. Pero no cabe duda que muchos hijos están enojados, enfadados, descontentos, irritados, decepcionados, resentidos. Esto es muy triste, y acarrea grandes consecuencias no solo en lo natural, sino también en lo espiritual. Aún podemos ver esposos, padres, madres e hijos que tienen una relación con Dios, aman al Señor, pero no logran llevarse bien entre sí. No saben cómo superar los problemas, y no logran ver la raíz del problema. Ante esta y situaciones similares, surge una pregunta en nuestro interior: ¿Qué pasó en esta relación? ¿En qué momento la brecha se hizo tan grande que parece infranqueable? ¿Cuándo la ofensa se hizo tan fuerte que, como dice Proverbios 18:19 (NVI), es como un cerrojo difícil de abrir?

> *Más resiste el hermano ofendido que una ciudad amurallada; los litigios son como cerrojos de ciudadela.*

¿Es este un signo del final de los tiempos y el cumplimiento de aquella profecía que dice que en los postreros tiempos el amor de muchos se enfriará? Nos parece que no, pues a través de la historia y aún en la mayoría de las familias que vemos en las Escrituras, hijos y padres tienen diversos conflictos; tanto, que nos parecería que es normal.

¡Qué difícil es vivir en paz! A más de nuestra naturaleza carnal, tenemos un enemigo que es un supremo estratega, y trabaja duro para hacer que las familias se separen, porque sabe que el Espíritu Santo solo operará en una atmósfera de paz. Él entiende que si divide una familia, esta se derrumbará, pues como lo dijo Jesús, una casa dividida no puede permanecer (Ver Marcos 3:25 NBLH). Así que se traza un plan, y no le molesta trabajar detrás de bambalinas por largos períodos. Mientras, tiene a las personas enfrentándose los unos con los otros. Sabe exactamente qué botones oprimir en el momento preciso para que se enojen entre sí, y se dividan. Por supuesto, está también la presión del mundo en el que vivimos, que es totalmente anti-familia.

Las siguientes preguntas que nos hacemos es: ¿Hay esperanza para estas familias? ¿Cómo pueden restablecer sus relaciones? Aún más, ¿cómo evitar llegar a estos extremos?

Como dijimos, estas situaciones no reflejan el deseo de Dios, sino más bien la difícil tarea de criar hijos que mantengan su corazón entregado al Señor, y hacia sus padres. La mayoría de las familias y de los padres no viven de acuerdo al plan de Dios, sino conforme al plan que el enemigo y el mundo han establecido. Esto hace que para los hijos sea más difícil entender el amor de Dios, quien es la fuente del amor. Entonces, tampoco podrán dar y recibir el amor de sus padres. La imagen desfigurada de la relación familiar está dentro de sus propios hogares.

Sin una familia estable, se les roba a los niños y jóvenes los modelos en los que deben crecer. De esta manera, no saben cómo deben funcionar como mamá o papá. Aún más devastador, fracasan en entender a Dios como el Padre amante y protector.

La respuesta sigue estando en el plan original de Dios. Lamentablemente, la familia planificada por Él ha venido a ser una en especie de extinción. El matrimonio debe ser el modelo del amor de Dios hacia su pueblo: el esposo como Jesús, el novio amante, y la esposa, como la iglesia, preparándose para la boda. Y la familia debe convertirse nuevamente en esa comunidad de amor y de protección.

Si es cierto que al final de los tiempos el amor se enfriará, y que parece que estamos siendo testigos de esa etapa de la historia, también hay otra profecía que queremos recordar hoy, y que debe cumplirse antes de que retorne el Señor, según lo dice Malaquías 4:5-6 (NTV).

> *Miren, les envío al profeta Elías antes de que llegue el gran y terrible día del Señor. Sus predicaciones harán volver el corazón de los padres hacia sus hijos y el corazón de los hijos hacia sus padres (…).*

En el evangelio de Lucas, el ángel describe a Zacarías con las mismas palabras, el ministerio del Espíritu de Elías (Vea Lucas 1:17 NTV). La familia está en el corazón de Dios y su restauración es el anhelo del Señor, y una de las señales de que el final de la era se acerca.

LA FAMILIA ESTÁ EN EL CORAZÓN DE DIOS Y SU RESTAURACIÓN ES EL ANHELO DEL SEÑOR.

Una persona convertida a Dios debe también convertirse hacia su familia. Al igual que la conversión es una experiencia sagrada y difícil de explicar, ese momentum en relación a la familia llegará cuando los padres despierten a la realidad que viven, reconozcan el valor del corazón de sus hijos, y aprendan a trabajar en equipo para satisfacer la necesidad de identidad y pertenencia de ellos. Eso conlleva pasar por alto sus propias diferencias, y brindar a los hijos el amor incondicional que Dios da a cada uno de nosotros: un amor que permanece a través de la vida, desde la cuna hasta la tumba.

Los padres convertidos a sus hijos los impulsarán cual las flechas hacia un destino y un propósito mayores, sin considerar el esfuerzo que eso lleve. La mayor necesidad que los hijos, niños y jóvenes tienen para alcanzar su destino es una familia que les dé amor, dirección, ejemplo, identidad y apoyo. Por eso el Salmo 127 dice que los hijos son como flechas en manos del valiente (Vea v. 4). Se necesita valor para tomar el arco y la flecha, e impulsarlos hacia el blanco perfecto.

Tenemos la certeza de que para lograrlo, el espíritu de Elías que mencionan las escrituras no solo será desatado sobre los padres e hijos, sino también sobre la Iglesia del Señor, de tal manera que acepte el desafío de predicar este mensaje importante y urgente, tornando de esta manera los corazones de los padres hacia los hijos, y el de los hijos hacia los padres.

Después de nuestros difíciles comienzos como pareja y de cometer muchas equivocaciones, hoy vemos con satisfacción cómo hemos logrado criar tres hijos que ya son adultos y con los cuales nos une, a más de una estrecha amistad, una causa común: trabajar por las familias.

Dios ha hablado a nuestro corazón diciéndonos que enseñemos sobre el tema. Es por eso que queremos compartir con usted ciertos principios sobre los hijos, mostrando lo que hemos aprendido sobre el anhelo de Dios para la familia, experiencias, datos e ideas sobre cómo ganar el corazón de los hijos.

Sin pretender tener una varita mágica ni dar respuestas superficiales a problemas tan graves y comunes como son las difíciles relaciones entre padres e hijos, sentimos que hablar sobre este tema es fundamental, ya que vemos cómo muchos conflictos familiares podrían evitarse o resolverse si aprendiéramos cómo manejarlos.

Ese no es un trabajo fácil, pero la recompensa llegará cuando usted los pueda ver crecer como niños y jóvenes seguros de sí mismos, sabiendo quiénes son en Cristo, y esforzándose por alcanzar el futuro de excelencia que Dios tiene soñado para ellos.

> *Los que siembran con lágrimas cosecharán con gritos de alegría. Lloran al ir sembrando sus semillas, pero regresan cantando cuando traen la cosecha* (Salmo 126: 5-6 NTV).

Comprendemos que cada familia es única, y cada persona ha sido creada con su propio diseño particular, por lo que trataremos de evitar las generalizaciones. Pero sabemos que los principios bíblicos trascienden por sobre estas diferencias, y funcionan en todas las edades, culturas y familias. Por tanto, es posible tener este tipo de familia con un solo corazón.

Para terminar este capítulo, le animamos a leer el Salmo 128: 1-5 (LBAD):

> *Benditos sean todos los que reverencian al Señor y en El confían...su recompensa será prosperidad y dicha. Tu mujer estará satisfecha en tu hogar y ¡mira cuantos hijos! Sentados a la mesa son como jóvenes olivos, vigorosos y saludables, esta es la recompensa de Dios para quienes lo reverencian y en El confían. "Que el Señor derrame continuamente sobre ti las bendiciones celestiales y los gozos terrenales... Que vivas para disfrutar a tus nietos."*

Una imagen como esta puede ser la que represente a su familia. Sueñe, ore, y trabaje para que sea una realidad.

2

El VERDADERO

tesoro

¿**H**as visto a los padres con un pequeño recién nacido? Es interesante verlos. Generalmente están enamorados de su bebé, y lo muestran al mundo a través de cientos de fotografías. En el mundo actual, las redes sociales se ven inundadas de imágenes de niños recién nacidos, con su carita arrugada y la ropa grande… y es que a los padres les parecen preciosos, aunque en verdad no son muy bonitos. Pero ¿quién puede decirles lo contrario? Ellos están maravillados, y quieren mostrar al mundo su bello hijo o su pequeña princesita.

Mas el tiempo pasa, y demasiado rápido. Muy pronto se olvida esa primera emoción. Y empiezan a aparecer la rutina y la molestia. Se apaga la llama del primer amor, y atrás quedan las buenas intenciones y las promesas de cumplir los sueños de nuestros hijos. Aunque Dios nos ha dado instrucciones de cómo criarlos para que su corazón se mantenga apegado al suyo y al nuestro, en algún momento olvidamos seguir su consejo.

¿Recuerdas la historia de Sansón en la Biblia? (Vea Jueces 13 y 14). Dios envió un ángel para anunciar el nacimiento del niño. Manoa y su esposa, los padres de Sansón, recibieron instrucción clara. ¿Cumplieron ellos las instrucciones? No lo sabemos. Lo que sí sabemos es que también perdieron el corazón de su hijo, que corrió tras mujeres extrañas. De la misma manera Rebeca perdió el de Esaú, Samuel el de sus hijos, y David perdió el corazón de Absalón. La verdad es que la historia se repite vez tras vez. ¿Son culpables los padres? No siempre. Es que cada ser humano ha recibido un regalo de Dios: el libre albedrío.

Ignoramos qué edades tienen tus hijos hoy, pero te pedimos que por un momento dejes la lectura y reflexiones. ¿Recuerdas la primera vez que viste a tu hijo? ¿Recuerdas cómo lo recibiste gozosamente, mientras sentías que tu corazón se inundaba de un amor difícil de explicar? ¿El primer instante que viste a ese pequeño bultito levantándolo cerca de ti, y apenas pudiste contener las lágrimas? Trae a tu mente todos estos recuerdos de momentos en los que tu corazón se llenó de emoción. Comprender que ese niño o niña es tuyo, que está en tus manos…Ese es un minuto supremo. A partir de ese instante, el corazón de los padres se enlaza con el de su hijo o hija, para siempre.

¿RECUERDAS LA PRIMERA VEZ QUE VISTE A TU HIJO?

Cuando un niño nace en un hogar, el Señor da a los padres la oportunidad de administrar con sabiduría el tiempo y los recursos, para llevar a cabo Sus sueños para esa personita que ha puesto en sus manos. Cuando decimos padres estamos hablando de los dos. Es que los hijos necesitan de ambos para crecer.

Nosotros debemos ayudarlos a desarrollarse en todas las áreas. Sabemos que el ser humano es tripartito, es decir, tiene 3 partes: espíritu, alma y cuerpo.

> *Y el mismo Dios de paz os santifique por completo; y todo vuestro ser, espíritu, alma y cuerpo sea guardado irreprensible para la venida de nuestro Señor Jesucristo* (1 Tesalonicenses 5:23 LBAD).

El cuerpo es el ente físico por medio del cual nuestro espíritu y alma hacen contacto con el mundo material. Recibe información que viene del mundo físico, y la pasa al alma. Las impresiones llegan al individuo a través de los sentidos.

> *¿No se dan cuenta que son el templo de Dios y que el Espíritu de Dios mora en su templo? El templo de Dios es santo y limpio y destruirá al que profane o corrompa su templo, y ustedes son el templo de Dios* (1 Corintios 3:16 LBAD).

El cuerpo es el estuche en el cual moran el alma y el espíritu del hombre, y en el cual habita también el Espíritu de Dios cuando hemos aceptado a Jesús como nuestro Salvador.

El alma o el corazón es el lugar más frágil del ser humano; en ella se alojan los sentimientos, el conocimiento y la voluntad. Por ello la Biblia dice que debemos guardar el corazón. *"Sobre toda cosa guardada, guarda tu corazón porque de él mana la vida"* (Proverbios 4:23). El corazón es tan importante que Jesús habló acerca de la importancia de cuidar el alma de los pequeños, diciendo que quien los escandalice recibirá un castigo muy fuerte por hacerlo.

> *Y cualquiera que haga tropezar a alguno de estos pequeños que creen en mí, mejor le fuera que se le colgase al cuello una piedra de molino de asno, y que se le hundiese en lo profundo del mar* (Mateo 18:6).

El espíritu es la parte de nuestro ser interior que se asemeja a Dios; es el cordón de plata que nos sirve para comunicarnos con Él. El espíritu está hecho para vivir en la eternidad. No envejece, no tiene

UN NIÑO NUNCA ES DEMASIADO PEQUEÑO PARA SER MINISTRADO EN SU ALMA Y SU ESPÍRITU.

edad. Esa debe ser una verdadera revelación para cada padre, y es que el espíritu de un niño no es menor que el de un adulto. Tampoco tiene discapacidad alguna, así que cuando un niño o un joven tiene alguna carencia física, esa está únicamente en el cuerpo. En ocasiones su mente tiene alguna limitación, pero su espíritu no tiene limitación alguna. De allí la importancia de ocuparse del espíritu de los niños aún desde el vientre de sus madres.

Un niño nunca es demasiado pequeño para ser ministrado en su alma y su espíritu. Proverbios 22: 6 (LBAD) expresa: *"Enséñale al niño a elegir la senda recta, y cuando sea mayor permanecerá en ella".* Por supuesto, el espíritu tampoco tiene género, por lo cual debemos ministrar de igual manera a los niños varones y a las mujeres, preparando su corazón para que sirvan al Señor conforme a Su llamado.

Como padres debemos preparar el espíritu de nuestros hijos para la vida eterna. Una familia espiritualmente sana es una familia donde Cristo está en el centro. Así como los planetas giran en torno al sol, una familia debe girar en torno a Cristo. La parte más importante de este proceso es asegurarse que Cristo esté en el centro de su propia vida personal como padre o madre de familia. Jesús lo dijo claramente:

> *El Hijo no puede hacer nada por sí mismo, sino que se limita a ver y ha hacer lo que el Padre hace* (Juan 5:19 LBAD).

Jesús mismo no podía hacer nada sin haber visto a su padre hacerlo. Si comprendemos esto, también entendemos que un día daremos cuenta de la manera en la que administramos esos bienes preciosos: nuestros hijos.

La cosa es que si perdemos el corazón de nuestros hijos, no podremos alcanzar su espíritu. Por ello, tal como lo hemos leído, de todas las cosas que debemos guardar, el corazón es lo más importante. *"Sobre todas las cosas cuida tu corazón, porque este determina el rumbo de tu vida"* (Proverbios 4:23 NTV). *"Del corazón mana la vida"* lee la versión Reina Valera. Y es clara y lógica la advertencia. Si tal cual es el corazón de una persona, así será ella, entonces si su corazón es puro, bueno y amable, tendremos una persona de bien. Mas si su corazón está dañado, roto y amargado, todo su ser será contaminado.

SI PERDEMOS EL CORAZÓN DE NUESTROS HIJOS, NO PODREMOS ALCANZAR SU ESPÍRITU.

La raíz de "corazón" es *kardia*, un término griego que se refiere al centro de la persona... la fuente del ser interior. El corazón es el centro de la vida misma del ser humano. Allí reposan los afectos y desafectos, sus inclinaciones y apegos con respecto a cosas y personas, lo que lo motiva, y lo que lo hace vivir o morir.

El sabio Salomón lo dijo de una manera muy sencilla hace miles de años: tal como el hombre es en su corazón, así es él (Vea Proverbios 23:7). Es por eso que cuando el profeta Samuel va en busca del rey de Israel a la casa de Isaí, recibe de Dios una revelación muy profunda e importante: no mires su parecer, le dice Dios, mira su corazón (Vea 1 Samuel 16:7). ¡Cuántas veces ignoramos este consejo de la Palabra de Dios, y somos engañados!

¡Qué necesario es ser conscientes que el corazón de los hijos es el más valioso tesoro que ha sido puesto bajo el cuidado de los padres, y es responsabilidad de ellos cuidarlo mientras son pequeños y enseñarles a que lo cuiden ellos mismos a medida que crecen!

El corazón de tus hijos, ¿fue tuyo alguna vez?

Mientras hablamos de esto, reflexiona por un momento si es que el corazón de tus hijos alguna vez fue tuyo. Y es que podemos partir de dos suposiciones. La primera es que el corazón de nuestros hijos nunca fue nuestro. La segunda hipótesis es que en algún lugar del camino los perdimos.

La mayoría de los padres primerizos (y aunque no lo fueran, cada hijo es como el primero) reconocen en su bebé una belleza por explorar, y un misterio que conocer. De la misma forma, generalmente los niños en la más tierna infancia sienten apego y atracción hacia sus padres o cuidadores. Es cierto que hay casos en que, en el embarazo mismo, algo sucedió que hirió las emociones de ese niño que ya es una persona y siente. Por tanto, si hay rechazo, ira o dolor en su gestación, esas emociones podrían traducirse en conflictos posteriormente. La Biblia cuenta la historia de varios embarazos en los que los no nacidos muestran ira, enojo o alegría. Está

EL CORAZÓN DE LOS HIJOS ES EL MÁS VALIOSO TESORO.

Juan el bautista que saltó de gozo en el vientre de su madre cuando llegó María de visita; o Jacob y Esaú que pelearon aún antes de nacer.

Podría entonces suponerse de alguna manera que el corazón de tu hijo nunca fue tuyo. Tal vez y por cualquier motivo los padres no fueron los cuidadores de su hijo o hija en la primera infancia, y abdicaron a una de las posiciones más especiales de la vida. Quizás desde ese momento, el corazón de tu hijo tuvo apego a otras personas como abuelas, niñeras o tías.

Eso nos hace pensar en la importancia de entender la paternidad y la maternidad desde antes del embarazo, y comprender que el plan de Dios de que un niño nazca en un hogar estable con sus padres junto a él, siempre es lo mejor. También nos da la fuerza para luchar por el matrimonio, ya que este no solo es cuestión de dos. En realidad, más de dos están involucrados en él. Los hijos son parte de esa familia, y lo que allí acontece los marcará para siempre.

Aunque no podemos establecer cuándo o cómo suceden las cosas, también reconocemos que, por lo general, el corazón del bebé está en manos de sus padres o primeros cuidadores. Si ahora se encuentra alejado de ellos, debemos analizar qué sucedió en el camino, que lo apartó.

Dice la Biblia que Dios pesa los corazones de sus hijos, y en ocasiones, los halla faltos.

> *La gente puede considerarse en lo correcto según su propia opinión, pero el Señor examina el corazón* (Proverbios 21:2 NTV).

SÍ ES PRECISO ANALIZAR POR QUÉ, CUÁNDO Y CÓMO PERDIMOS SU CORAZÓN.

El Señor está pendiente de las intenciones más secretas de nuestro corazón. De la misma manera nosotros, como padres, debemos "pesar", revisar, examinar el corazón de nuestros hijos, y reconocer de manera objetiva cómo se encuentran. Aquí la palabra clave es "objetiva", ya que vemos comúnmente a los padres vivir en negación, tal vez porque es más fácil negar una realidad que enfrentarse a ella. Sin embargo, al igual que cualquier enfermedad, mientras más pronto sea diagnosticada y tratada, más probabilidades de recuperación tiene. Cuando los padres detectan algo que no está bien en el corazón de sus hijos, y toman acciones tempranas, tendrán mayores probabilidades de sanidad.

No es nuestra intención llenar de culpa a padres y madres que sienten que el corazón de sus hijos no les pertenece. Pero sí es preciso analizar por qué, cuándo y cómo perdimos su corazón, de tal manera que podamos tomar las medidas necesarias para ganarlos nuevamente. Eso es lo que Dios hizo cuando nosotros, como sus hijos, nos alejamos de su amante corazón.

Jesús menciona esta problemática en una de sus más conocidas historias. Estamos hablando de la parábola del hijo pródigo (Vea Lucas 15: 11-32.). Es la historia de un padre y sus dos hijos. El corazón del menor, atraído por un estilo de vida diferente al de su padre, pidió su herencia, abandonó la casa y se fue. Era obvio que anhelaba conocer el mundo, y su corazón amaba las cosas de este mundo. En este caso, la influencia mayor para este hijo fue la externa. Y como dijo Jesús, en donde está tu tesoro, estará también su corazón (Vea Mateo 6:21). Quisiera que pienses, ¿dónde estaba el corazón de estos chicos? ¿Alguna vez fue el padre, el dueño de su corazón?

Cuando su hijo menor se fue de casa, su partida debe haber sido muy dolorosa para el padre, que cada día esperaba el retorno del joven. El padre no había hecho nada malo, pero el muchacho decidió irse. El corazón de este joven fue seducido por un mundo que le pareció más atractivo que la casa de papá. Se inclinó hacia los placeres de este mundo. Y el corazón del amante padre sufría. "Por lo menos me queda uno", podría haber pensado el padre en medio del drama de su vida. Sin embargo, aunque el mayor nunca se fue de la casa, tampoco su corazón estaba unido al de su padre. Es cierto que físicamente estaba allí, pero su motivación no era el amor.

Nuestros ojos deben estar atentos, mirar más allá de lo natural. En ocasiones, el alejamiento inicia con una pequeña raíz de amargura, envidia o decepción, como este caso. Al final del cuento, el padre se da cuenta de que no había perdido solo al más pequeño, sino a los dos. Pudo recuperar el corazón del menor, pero la historia con el mayor queda inconclusa.

NUESTROS OJOS DEBEN ESTAR ATENTOS, MIRAR MÁS ALLÁ DE LO NATURAL.

El padre representa al Padre Dios, un buen Padre cuyos hijos se apartaron de Él, hiriendo profundamente su amante corazón. Buenos padres pueden tener malos hijos, y malos padres pueden tener buenos hijos. Ese fue el caso de Jonatán, el hijo de Saúl. Celoso de su amistad con David, el padre fue duro con su hijo. Lo trató muy mal. Sin embargo, Jonatán lo honró de tal manera que prefirió morir junto a su padre que dejarlo sin su compañía.

Jesús nos dijo que nuestro corazón seguirá hacia el lugar en el que nuestro tesoro está. No podemos ser negligentes en observar y cuidar el corazón de nuestros hijos, pues más allá de su relación con sus padres, su inclinación traerá para ellos éxito o fracaso, permanentemente.

¿Cómo está el corazón de tus hijos? Si percibes que hay algo que lo ha separado del tuyo, no te detengas hasta que lo recuperes. Busca las estrategias divinas, y esfuérzate para conseguirlo.

3

Anhelado, **AMADO,** *aceptado*

Hace poco estuvimos de viaje, y en cada avión, en cada restaurante, en cada lugar, estuvimos rodeados de niños con sus padres, hermanos o abuelos que se veían confundidos, sin saber cómo reaccionar ante el llanto del bebé, el berrinche del niño pequeño, la travesura, o la pelea entre hermanos. También vimos adolescentes enojados, sin hablar con sus padres. Y adultos que los ignoran o los rechazan, o prefieren mirar hacia otro lado, y no asumir su responsabilidad.

No es coincidencia. El mundo está confundido, y no sabe cómo educar a la siguiente generación. Pareciera que hoy es más complicado ser padre que ayer, o madre, o estar a cargo de niños y jóvenes. Entonces la voz de Dios habló a nuestro corazón: "Enseñen mis principios sobre los hijos a parejas que no conocen mi corazón para ellos. Aún más que eso, descubran mi corazón, respecto a ellos", dijo Dios, "aprópiate de Él y muéstralo al mundo". Así que solo estamos siendo obedientes a Dios y a su Palabra.

En épocas de crisis en la historia, eventos extraños y sobrenaturales comienzan a suceder en relación a los niños. Según los eventos registrados en la Biblia, cada vez que ocurría una matanza en masa de niños, un líder clave nacía. Fue el caso de Moisés y Jesús. Hoy sucede lo mismo. Debemos preguntarnos entonces, ¿qué hay en esta generación que hace temblar a Satanás? ¿Qué es lo que él ve o percibe que se acerca?

Hay algo precioso e importante sobre esta generación, tan profundamente atacada, que no podemos pasar por alto, y es que podría ser la última antes del retorno de Jesús. Por eso el mundo, bajo la influencia del maligno, mira a los hijos como su presa, alguien a quien devorar y exterminar, robándoles su niñez.

En el capítulo 2 del libro de Joel hay una profecía impresionante sobre los hijos e hijas de los postreros tiempos.

> *Entonces, después de hacer todas esas cosas, derramaré mi Espíritu sobre toda la gente. Sus hijos e hijas profetizarán. Sus ancianos tendrán sueños y sus jóvenes tendrán visiones* (Joel 2:28 NTV).

Parecería que estamos viviendo en los tiempos finales, y ellos, los hijos de esta generación, serán los que reciban el poder y la unción del Espíritu Santo para recibir revelación de la Palabra y de lo que está por venir, además de predicar las buenas nuevas del Reino. Para que obtengan la promesa debemos prepararlos desde niños, aún desde el vientre de sus madres.

Los peligros de esta generación

Si sigues leyendo, a continuación de esa maravillosa promesa, casi entre líneas se esconde una declaración que nunca antes habíamos visto. Es una descripción de la sociedad que existirá cuando llegue este derramamiento del Espíritu de Dios.

> *Tiraron los dados para decidir quiénes de mi pueblo serían sus esclavos. Canjearon niños por prostitutas y vendieron niñas por tan solo suficiente vino para emborracharse* (Joel 3:3 NTV).

No sabemos cómo interpretas este pasaje, y este no es un tratado teológico, pero Dios nos reveló algo y nuestro corazón latió con tristeza cuando lo leímos. Él está hablando de cómo una generación entera vendió el futuro de sus hijos por lujuria, avaricia y ambición; por amor al placer, al sexo y al licor. Este fragmento de la Biblia es también una descripción de la prostitución, la explotación y la pornografía infantil tan actuales hoy; chicos vendidos al mejor postor a cambio de la "diversión" de algunos adultos. Cuando estos niños son vendidos, no solo su pureza sexual es destruida, sino también sus mentes, su futuro y, por supuesto, su destino como profetas y guerreros del Señor.

Para crearte consciencia de la magnitud monstruosa de este problema, lee lo siguiente.

+ El tráfico humano mundial es una industria de $32 mil millones anuales, y está atada las drogas y al tráfico ilegal de armas.

+ De las 800.000 personas víctimas del tráfico a través de fronteras internacionales, el 50% son niños, y un millón de ellos son explotados en el comercio sexual internacional.

+ Entre 100.000 y 300.000 niñas de menor edad son vendidas para sexo en América. Se inician en la prostitución entre los 12 y 14 años de edad.

+ Una de cada 3 adolescentes es inducida a prostituirse 48 horas después de escapar de su casa.

+ Las víctimas menores de edad se venden de 10 a 15 veces diarias, 6 días a la semana.

+ Una de cada 5 imágenes pornográficas es de un niño.

+ La venta de pornografía infantil es una industria de $3 mil millones.

+ Más de 100.000 sitios web ofrecen pornografía infantil.

+ Ninguno de estos problemas discrimina por clase social.

+ El 55% de la pornografía infantil cibernética proviene de los Estados Unidos.[1]

Yo te pregunto: ¿Será importante tener buenas relaciones con nuestros hijos? ¿Será crítico que se sientan cuidados, protegidos, y que tienen padres que están siempre ahí para ellos? ¿Está claro que tus hijos deben ser tu prioridad?

El pasaje bíblico que leímos denuncia la venta de los hijos a Grecia. Pero no estamos muy lejos. ¿Qué quiere decir todo esto? ¿Qué sabemos de la sociedad griega en la época en la que él vivía? El espíritu de Grecia estaba sostenido por una serie de filosofías cuyo objetivo era convertir al individuo en un ¡súper hombre! o mejor, en ¡un dios! Fue en esta clase de mundo donde nació la iglesia cristiana, y en el cual se derramó el Espíritu en Pentecostés. Es a aquel tipo de creencia que hemos vendido nuestros hijos e hijas, los cuales se convierten en un estorbo para la belleza, la superación o el disfrute. Por ello se los trata más como una molestia que como una bendición.

Por un momento analicemos la sociedad a la que se refiere el pasaje. Primero, los griegos fueron amantes del conocimiento y la sabiduría, y por eso buscaron el saber al punto de desarrollar una idolatría por la razón; en otras palabras, ellos adoraban el conocimiento. La "gnosis" era su razón de ser.

El mundo griego, en el cual los primeros apóstoles ministraron, estuvo lleno de tales filosofías. "*Los judíos piden señales y los griegos buscan sabiduría...*" (1 Corintios 1:22). Desafortunadamente lo que pasaba en Grecia se parece mucho a lo que sucede hoy. Ese es el mismo espíritu que domina la humanidad actual, en el cual se da el énfasis mayor al conocimiento y la auto superación, pregonando que el hombre es un dios. Para esta corriente de pensamiento, lo más importante es alcanzar títulos, reconocimiento humano y riquezas, por encima de cualquier otra cosa.

A más del amor al conocimiento, el mundo griego adoraba la belleza, exaltando de tal manera al cuerpo físico, que se convirtió en un objeto de pasión. Esto lo podemos ver hoy día con la idolatría hacia la belleza, y el énfasis que se hace en las dietas, la cirugía estética, dando como resultado desórdenes como la anorexia o la bulimia.

La homosexualidad en la sociedad griega se había extendido hasta convertirse en la práctica común. A medida que iban declinando como potencia mundial, sus valores cambiaron; mudaron su imagen fuerte a una cada vez más afeminada. ¡Qué parecida a la cultura occidental actual!

El Dr. Edwin Louis Cole decía que "la primera cosa más poderosa que se puede hacer es una imagen; lo segundo más poderoso es destruirla". Lamentablemente la imagen que el mundo tiene de la paternidad o maternidad en el mundo occidental no es positiva ni siquiera entre los mismos cristianos, aunque se diga que así es. Los problemas que enfrentamos son muy profundos, y han afectado a nuestra cultura aún más de lo que indican las estadísticas, sin que nos diéramos cuenta.

El valor de ser madre o padre

La desvalorización sistemática del rol de padres y madres hace que el mundo vea como una pérdida el tiempo dedicado a la paternidad y a la maternidad. Es tragicómico el ver cómo, por un lado la sociedad actual presiona a la mujer para dejar las tareas propias de la maternidad, y por otro, estudios científicos recientes otorgan cada vez mayor importancia al nexo de la madre con su niño.

El apego emocional y físico entre la madre y su bebé es más poderoso que todas las medidas de prevención y de higiene que ella tome. Nuevas investigaciones demuestran que ese apego puede evitar enfermedades, estimular el sistema inmunológico, y aumentar el IQ (cociente de inteligencia). Afirma el Dr. Deepak Chopra, endocrinólogo, y co-autor (con el neurólogo David Simon) de *Un Comienzo Mágico para una Vida Fascinante: Una Guía Integral del Embarazo y el Nacimiento*), que los besos y abrazos de mamá son una fuerza de la naturaleza más poderosa de lo que jamás se pensó. El apego madre-hijo ha evolucionado para convertirse en un proceso fisiológico que envuelve no solo nuestros corazones, sino nuestros cerebros, hormonas, nervios, y casi todas las partes de nuestros cuerpos, según revelaron los estudios. Hay décadas de evidencia en múltiples estudios que respaldan estas alegaciones.[2]

Como si fuera poco, también se ha descubierto que las caricias de la madre y la nutrición emocional que ella provee, estimulan el crecimiento del hipocampo, la región del cerebro relacionado con la memoria, el aprendizaje y el manejo del estrés. "Su amor es clave en el desarrollo del niño", dice la Dra. Joan Luby, directora del estudio.[3]

Sin embargo, la mujer que ha decidido ser madre a tiempo completo se siente oprimida, esclava, menospreciada y desvalorizada. Incluso recibe la presión de no poder regresar con éxito al mercado laboral cuando sus hijos crezcan, no importa si tiene un alto nivel educativo. ¿Está perdiendo su tiempo mientras amamanta a su bebé, o lava el pelo de su niño lleno de mermelada? No. Y me alegra saber que un informe reciente refleja un ligero aumento en las mujeres en los Estados Unidos que deciden quedarse en su casa para cuidar a sus hijos, específicamente entre las hispanas, que componen el 38%. Entre las hispanas inmigrantes, el 44% se queda en su hogar.[4]

Hablemos del padre. El hombre que todos admiran, ¿pierde su hombría al leer cuentos a su pequeña para que duerma tranquila? ¡De ninguna manera! Está ayudando a crear mejores relaciones con su hija, y a ayudarle en su desarrollo cognitivo, de lenguaje, y socio-emocional. La Academia Americana de Pediatría se pronunció a nivel mundial sobre la necesidad de que los padres les lean libros a los niños desde la infancia. Esto les cultiva la imaginación, el pensamiento crítico, el vocabulario, el tiempo de atención, el habla, y el interés por la lectura.[5]

Lejos de considerar que papá y mamá están perdiendo el tiempo, deberíamos reconocer que están ejecutando la labor de mayor trascendencia de todas las que pueden realizar en ese momento de su vida, sin dejar de mencionar la contribución que a largo plazo hacen a nuestra sociedad.

¿Cómo miras a tus hijos?

La repetida frase de "Tengo derecho" se ha convertido en el caballo de batalla que destruye el hogar desde adentro. El exceso de materialismo ha hecho creer que el individuo vale por el dinero que gana, o lo bello

que es. El mensaje que el mundo repite vez tras vez es totalmente hedonista. Habla de buscar placer en todas las cosas de la vida por medio de sensaciones nuevas y excitantes, y pretender disfrutar en todo
momento sin responsabilidades ni sacrificios. Vivimos una época en
que el hedonismo en su más pura expresión es considerado como una
nueva expresión de libertad, y se convierte en la meta de la vida. "Si se
siente bien, hazlo", dice el mundo.

Este pensamiento se introduce sutilmente en la familia de hoy, de tal
manera que la negligencia de los padres y el abuso infantil se han convertido en una plaga en nuestros hogares. Tal vez tú no eches a tus
hijos a la calle, ni los maltrates físicamente, pero podrías no satisfacer
sus necesidades a causa de la filosofía del "yo" sembrada en tu vida, que
dará fruto de egocentrismo, ausencia de compromiso, y prioridad de
tus propios asuntos e intereses.

La Biblia narra una historia de celos y venganza cuando nos habla acerca de José y sus hermanos (Vea Génesis 37). José era el hijo preferido
de Jacob, y esto dio como resultado el odio de sus hermanos. La familia
se llenó de conflictos dolorosos que terminaron en la venta de José
como esclavo, y el engaño al padre que pensó que su hijo había muerto.
Con mucho dolor vemos cómo en las familias sucede lo mismo. Claro
que no se venderán como esclavos el día de hoy, pero en muchos hogares, en vez de criar hermanos, se producen rivales. Con frecuencia, esto
es resultado de los intereses y las prioridades personales de los padres.

Si quieres que el corazón de tus hijos se apegue al tuyo, dile no al favoritismo. Y mucho más después de saber que ser favorito puede inclinar
a ese hijo a desarrollar serios síntomas depresivos en la niñez y la adultez. Es un alto precio a pagar por ser el favorito.[6] Observa que, igual
que en la historia de José, tus otros hijos no son los únicos que sufren
tu favoritismo; el favorito está en riesgo. Los chicos ya tienen suficiente
presión en un mundo que premia a las que son más bonitas, los que
son más rápidos, los que son más fuertes, los que son más ricos, los que
son más inteligentes. Mientras tu hijo compite con sus compañeros y
hermanos por el reconocimiento, el enemigo puede tomar ventaja de
su sentir de insuficiencia y fracaso, tentándole a encontrar aceptación

y satisfacción al involucrarse en alcohol y drogas, o aún empujándole al suicidio.

Detente a pensar: ¿Cómo mira el mundo a los hijos? ¿Los considera una bendición? Si así fuera, ¿por qué retrasa hasta último momento la paternidad o la maternidad? Lo cierto es que en muchos casos el mundo los ve como una molestia, una carga, un estorbo para la libertad de padres y madres o para su realización personal, ya sea en sus trabajos o metas económicas. Tanto en la relación entre esposos como en la de padres e hijos, el gran enemigo es el egoísmo, aunque este se disfrace de abnegación o responsabilidad.

EL EGOÍSMO ES EL GRAN ENEMIGO EN LA RELACIÓN ENTRE PADRES E HIJOS.

En segundo lugar, ¿cómo ven los padres a los hijos? Si escuchas con detenimiento, verás cómo la mayoría de los padres que repiten vez tras vez que los hijos son una bendición, que los aman y que hacen todo por ellos, en la práctica no muestran ese amor. Solo detente y escúchalos hablar. Sus palabras diarias, la forma de trato contradicen esas frases de aprecio y bendición que parecen preconcebidas.

¿Conoces a alguien que tiene un bebé? Estamos seguros de que has escuchado estas palabras:

+ Estoy agotado, no puedo dormir. Ya no puedo más. ¿Cuándo dejará el bebé de despertarse en la noche?

+ Estoy cansada de pañales y biberones.

+ Este niño (o niña) no me deja un momento de respiro. Come todo el día, o llora siempre, o hay que cambiarle muchas veces o…cualquier cosa que digas muestra una molestia, y no el placer de estar criando un siervo de Dios.

Si los niños son un poquito más grandes, las frases comunes son: "Este niño es un travieso", "No me deja en paz", "Molesta todo el tiempo", "Es un terremoto", etc. Parecería que no los aguantamos, y los niños se dan cuenta. Perciben con toda claridad el sentimiento hacia ellos.

Cuando empiezan la adolescencia, las cosas se ponen peores. Hacemos chistes de ellos. En nuestro medio se dice que están en "la edad del burro", (¿le gustaría a usted que le dijeran que es un burro todo el tiempo?) de los problemas con la música, el teléfono o los amigos... siempre hablando de manera negativa.

Aceptación y amor son la clave. Unidos a la perseverancia. En alguna ocasión Jesús les dijo a sus discípulos: *"¿Hasta cuándo tendré que soportarlos?"* (Mateo 17:17 NTV) Pues los soportó hasta dar su vida por ellos. Es lo mismo que debemos hacer por nuestros hijos. Y dar tu vida no es morir por ellos; es vivir por ellos.

Todos tenemos momentos en que parece que no podemos soportar más esa tensa batalla que significa la crianza. Cuando sientas que has llegado a un momento crítico,

> **ACEPTACIÓN Y AMOR SON LA CLAVE. UNIDOS A LA PERSEVERANCIA.**

cierra los ojos y respira. Luego, recuerda: ¿Cómo te sentiste al momento en que supiste que ibas a tener un hijo? ¿Maravillado? ¿Extasiado? ¿Temeroso? ¿Enojado? Cuando te enteraste de la noticia, ¿querías huir o saltar de alegría?

El demonio, por su parte, ve a los hijos como la mayor amenaza para el avance de sus planes.

> *Entonces se presentó en el cielo un gran espectáculo, apareció una mujer...estaba encinta y gritaba con dolores de parto, el momento de su alumbramiento se acercaba, de pronto apareció un dragón rojizo...luego se detuvo frente a la mujer en el momento mismo que iba a dar a luz, a fin de comerse el niño tan pronto naciera* (Apocalipsis 12: 1-6 LBAD).

Aunque hay diversas interpretaciones proféticas de estos versículos, y puedes pensar que no tiene nada que ver con la crianza de hijos, la imagen en sí misma es muy fuerte. Si la vieras en una película quedarías impresionado: una mujer dando a luz un niño; cerca, un dragón esperando para devorarlo. ¿Por qué no devora a la mujer? Porque a través de los años ya la ha oprimido y maltratado, sin poder destruirla. Pero su meta no es la mujer, no es ella a quien quiere, es al niño al que anhela devorar y destruir. Hoy sigue la misma persecución en contra de los niños.

Estamos convencidos que los niños que nacen hoy son parte de la generación profética de la cual habló Joel; una generación que Dios está dando a luz. Es por eso que el enemigo desea destruirla. El mayor frente de ataque en esta guerra está en las mismas familias, pues, sutilmente, la forma de mirar a los hijos no es la correcta; y la mayoría de los padres, aun aquellos que profesan ser cristianos, no viven de acuerdo al plan de Dios para su familia, sino conforme a las reglas que el mundo ha establecido.

La imagen en nuestra mente es poderosa. Si vemos a los hijos como un obstáculo, estorbo o accidente de la vida, así los trataremos. Cambiando nuestra visión, cambiarán nuestras acciones. Nuestra manera de ver a las cosas debe alinearse a la visión de Dios, pues de allí partirá nuestro comportamiento con ellos.

El enemigo los ve como amenaza; el mundo y los padres miran a los niños como un estorbo o una carga. Dios, en cambio, los mira de una manera totalmente diferente. Para el Señor, los hijos son una señal del pacto y de su bendición. Los hebreos sentían que no tenían la bendición de Dios si no tenían hijos. Por ello oraban para que Dios se los concediese. Fue así como nació el profeta Samuel, por ejemplo, como respuesta a la oración desesperada de una mujer que anhelaba un hijo con todas sus fuerzas.

> *Yo soy la mujer que estuvo aquí a su lado orando al* Señor.
> *Éste es el niño que yo le pedí al* Señor, *y él me lo concedió*
> (1 Samuel 1: 26-27 NVI).

Lee el Salmo 127 y verás las cosas desde un punto de vista del Señor:

Los hijos son un regalo del Señor; *son una recompensa de su parte. Los hijos que le nacen a un hombre joven son como flechas en manos de un guerrero. ¡Qué feliz es el hombre que tiene su aljaba llena de ellos! No pasará vergüenza cuando enfrente a sus acusadores en las puertas de la ciudad* (Salmo 127: 3-5 NTV).

Para Dios, los hijos son un regalo para cualquier hogar. Ellos son tesoros especiales a los que debemos tratar con particular cuidado. En sus libros, leyes y estatutos, Él enseñó que se debe considerar a los hijos como un regalo del cielo que perpetuaría su nombre, herencia y legado.

Hace poco se hizo un estudio en un hospital público de la ciudad donde vivimos. La pregunta a los padres que estaban allí para el parto era muy sencilla: "¿Ese niño fue planeado y deseado?". El resultado fue triste porque los padres de casi el 90% de los niños que nacieron allí respondieron que ese niño no fue planeado, y para muchos tampoco anhelado. A nivel general, se informa que 37 de cada 100 embarazos en Ecuador son no deseados, y se vinculan a los embarazos adolescentes.[7] Por eso el apóstol nos urge para cambiar.

No vivan según el modelo de este mundo, mejor dejen que Dios cambie su vida con una nueva manera de pensar (Romanos 12: 2 LBAD).

Tus hijos sienten antes de nacer

Desde el momento mismo de la concepción y durante el desarrollo en el vientre de su madre, un bebé siente. Por tanto, las emociones que las madres tienen durante la gestación influirán en la relación que ese niño o niña tenga con sus padres después. La necesidad de aceptación y cuidado emocional está presente durante el embarazo, y los primeros años del niño. Comparto estos impactantes detalles:

La Dra. Janet Di Pietro y un grupo de investigadores de la Universidad Johns Hopkins han descubierto la vida inteligente (del feto) dentro del útero:[8]

EL COMPORTAMIENTO HUMANO EMPIEZA UNAS SEMANAS DESPUÉS DE LA CONCEPCIÓN.

El comportamiento humano empieza unas semanas después de la concepción. Antes de que mamá sepa que está embarazada, ya el cerebro se está formando.

A las 9 semanas, dobla su cuerpo, le da hipo, y reacciona a sonidos altos.

A las 10 semanas, mueve los brazos, abre la quijada, y se estira.

Antes del primer trimestre, bosteza, chupa, traga, siente y huele.

Al final del segundo trimestre, oye.

Al final del embarazo, puede ver.

Tienen sueños con REM (movimiento rápido de los ojos).

Saborea las comidas de la madre. Aprende y distingue los sabores culturales.

Puede distinguir entre la voz de su madre y la de un extraño, y responder a un cuento que le lean.

Se cree que sueña sobre sus experiencias en el útero.

Por todo eso es tan importante planear el momento de la concepción de un hijo, y no que ese regalo venga por accidente surgido de un momento de pasión y lujuria. Es fundamental que comprendamos que una de las tareas del Espíritu en nuestras vidas es volver el corazón de los padres hacia los hijos. Entonces los matrimonios aprenderán a trabajar en equipo para satisfacer la necesidad de identidad y pertenencia de sus hijos, y decirles las palabras correctas, aún pasando por alto sus propias diferencias.

Por supuesto que es necesario algo más que palabras; necesitamos hechos. El apóstol Pedro da un sabio consejo al hablarnos acerca del ejemplo y la actitud. *"...No hay mejor mensaje que el de una buena conducta*" (1 Pedro 3:1 LBAD). Recuerda que tus hijos no siempre te escucharán, pero siempre te imitarán.

Ese no es un trabajo fácil. El salmista reconocía que para caminar en integridad, sobre todo en su hogar, necesitaba la ayuda de Dios.

> ... *¡Pero cuanto necesito de tu ayuda, especialmente en mi propia casa, en donde anhelo conducirme como debo!* (Salmo 101: 2 LBAD).

De la misma manera nosotros necesitamos la ayuda del Padre para ser el modelo que los hijos necesitan. Y el Señor está dispuesto a ayudarnos.

La recompensa llegará cuando los puedas ver crecer como niños y jóvenes seguros de sí mismos, sabiendo quiénes son en Cristo, y esforzándose por alcanzar el futuro de excelencia que Dios tiene soñado para ellos.

4

El MEJOR *legado*

Hay cosas que nos traen recuerdos: el olor de una comida, un lugar, un color, una escena. Todo eso es parte de la huella que marca nuestro corazón.

Huellas son las marcas que una persona deja por el lugar donde camina. Lo queramos o no, estamos dejando un rastro que otros podrán seguir. Enviamos un mensaje al futuro, y dejamos un legado espiritual. Cada vida deja una marca diferente: las hay torcidas o en círculo; están aquellas marcas que se planifican, y las de aquellos que caminan sin programación. Huellas y legados se forman toda la vida. Ten la certeza de que lo que hacemos o dejamos de hacer a través de los años, perdurará más allá de nuestra existencia.

Todos dejamos una huella, un legado en este mundo, aunque no todas son iguales. En la ciudad de Los Ángeles existe un "Paseo de la Fama". En él están impresas las huellas de las personas del medio artístico que se han destacado en el medio. Sus huellas físicas impresas en el cemento son la evidencia externa de su influencia.

Hace unos pocos años perdimos un amigo, mentor, compañero de milicia, el pastor Leo Godzich. Él ya está con nuestro Padre Celestial, el Señor al que amó y sirvió con toda su fuerza, pero también dejó un legado en esta tierra: su esposa e hijas siguen trabajando por las familias. Esa misma semana murió una cantante exitosa, Whitney Houston. El mismo día de su entierro, su hija de apenas 18 años fue encontrada en un hotel consumiendo droga. Este año murió, también como consecuencia de las adicciones. Ambos, mi amigo pastor y la famosa actriz, dejaron una huella en su familia. Sin embargo, su legado fue muy diferente.

Todos hemos sido escogidos por Dios para dejar nuestra huella en su paseo de la fama. Esas son huellas imborrables marcadas en las vidas de nuestros hijos y nietos, en la descendencia que tendremos. Por eso es tan importante cuidar el corazón de los hijos, pues reproducirán la marca en sus propios hijos, y estos en los suyos, y así sucesivamente, dejando un legado permanente. Tomemos la decisión intencional de que nuestro legado sea positivo. Esta tierra debe ser mejor por el hecho de que nosotros estuvimos aquí.

TOMEMOS LA DECISIÓN INTENCIONAL DE QUE NUESTRO LEGADO SEA POSITIVO.

Lamentablemente, la huella que esta generación está dejando en la mente de nuestros jóvenes en relación con la familia es negativa. Por eso vemos cómo los jóvenes de hoy no se quieren casar, y están confundidos en relación al matrimonio y a su sexualidad. No tienen el deseo de casarse, pero sí de llevar una vida sexualmente activa. El mensaje, o la huella que hemos dejado los adultos en el corazón de los más jóvenes, es que el sexo es deseable, pero el compromiso es negativo.

Dejar un legado o una herencia es algo que se debe hacer intencionalmente. El Salmo 78 nos dice cuál es el legado espiritual que necesitamos entregar a las generaciones que vienen.

Escucha, pueblo mío, mi enseñanza; (...) No lo ocultaremos a sus hijos, sino que contaremos a la generación venidera las alabanzas del Señor, su poder y las maravillas que hizo. (...) ordenó a nuestros padres que enseñaran a sus hijos; para que la generación venidera lo supiera, aun los hijos que habían de nacer; éstos se levantaran y lo contaran a sus hijos, para que ellos pusieran su confianza en Dios, y no se olvidaran de las obras de Dios, sino que guardaran sus mandamientos; (Salmo 78: 1-7 LBLA).

¿Qué es un legado? El diccionario lo define así:

Legado:

1. Bien material que una persona deja en testamento a otra.

2. Cosa espiritual o material, especialmente cultura, ideas o tradiciones, que se transmite a alguien

3. Persona enviada por una autoridad para que actúe en su nombre en un asunto.

Examinemos por un momento estas tres cosas:

Primero, legado se trata de las cosas materiales que dejamos en testamento a otras personas; no solo a los hijos, sino a cualquier persona. En este caso hablamos de cosas.

En segundo lugar, legado es aquello espiritual que pasamos a otros. Si en la primera acepción se trata de dejar un bien material por medio de un testamento, en esta segunda acepción dejar un legado es formar el alma de otra persona, influir en su criterio, marcar su mente, su pensamiento, su corazón con lo que nosotros le entregamos, consciente o inconscientemente. De seguro, eso determinará su futuro. ¡Qué responsabilidad!

Todos tenemos un deseo de influenciar a otros más allá de nuestra vida. Ese deseo de trascendencia está puesto en nuestro interior por el mismo Señor que puso eternidad en el corazón del hombre.

Y en tercer lugar, legado es enviar una persona para que nos represente. Entendemos este concepto de la siguiente manera: un hijo, como una flecha, es enviado por sus padres para que actúe en el futuro en su nombre. Un hijo entonces nos representa, y continúa nuestra vida. Es una extensión de nosotros mismos.

El legado es su huella en este mundo, lo que quedará cuando se vaya; lo que hablará de su existencia a las futuras generaciones. Una vida que no deja huellas es una vida inútil. El legado nos asegura que nuestra vida no fue en vano, ni un soplo al viento, sino que impactará a alguien. Su legado es importante, porque trascenderá aún después de que hayamos partido de este mundo.

Nosotros teníamos un amigo cuyo padre fue alcohólico, y murió joven. Realmente no sabemos cuántos recuerdos tenía él de su padre. Pero nos compartió uno. Vía a la ciudad de Loja, en Ecuador, cuando la carretera era apenas una línea de tierra mal trazada, su padre le llevaba a recoger orquídeas, y allí comían una sopa de gallina en una pequeña tienda. En la Jarata, un pueblo de cuatro casas, ya casados íbamos con los niños hasta allá, para, según él, comer el mejor caldo de gallina del mundo. ¿Realmente lo era? ¡No, por supuesto! Era el poder de sus recuerdos lo que le hacía ver las cosas así. Hasta ahora, cuando yo paso por ese punto, recuerdo el caldo de gallina que el papá de mi amigo había sembrado en su corazón; ese fue un legado. Los padres sembramos recuerdos en la vida de nuestros hijos, y establecemos símbolos que les recordarán las memorias que están plantadas en sus corazones, sean estas positivas o negativas.

Mientras escribimos este capítulo, tuvimos la oportunidad de escuchar una extraordinaria enseñanza sobre el legado, y su diferencia con la herencia. Eso nos hizo más claro que nunca comprender que herencia es lo que dejo en el pasado; legado es lo que envío al futuro.

HERENCIA ES LO QUE DEJO EN EL PASADO; LEGADO ES LO QUE ENVÍO AL FUTURO.

Dios no solo está interesado en nuestra vida, ni en la tuya, sino también en aquella que tendremos después. Con esto no nos estamos refiriendo al cielo, sino a la influencia de nuestra vida acá en la tierra, que permanecerá aún después de nuestra muerte. En realidad, hay muchas maneras de vivir en la tierra después de vivir. Se puede vivir en el recuerdo por las obras que se hacen, o por construcciones materiales o proyectos que puedan sobrevivir muchos años. Sin embargo, cada una de esas cosas materiales terminará, pero podemos vivir más allá de nosotros mismos por los "delegados" que enviamos al futuro.

Nuestra meta no es buscar la trascendencia de nuestro nombre a través de una estatua, una construcción o un monumento, sino a través de la semilla sembrada en hijos y nietos. Deseamos que nuestra voz se escuche aún después de muertos porque aquellos que nos sobrevivirán seguirán levantando su voz por las familias de la tierra, y llevarán una vida entregada a Dios.

El patrón que Dios utilizó para preservar su linaje fue construir, y establecer familias fuertes que transmitieran a sus hijos el conocimiento de su carácter y su Palabra. Dios es un Dios generacional, y la Biblia es un libro que nos habla de generaciones. Al crear a Adán y Eva, lo primero que hizo Dios fue bendecirlos, y darles el mandato de reproducirse y dominar la tierra.

> *Y los bendijo Dios, y les dijo: Fructificad y multiplicaos; llenad la tierra, y sojuzgadla, y señoread en los peces del mar, en las aves de los cielos, y en todas las bestias que se mueven sobre la tierra* (Génesis 1:28).

Noé y sus hijos recibieron la misma bendición de Dios después del diluvio.

> *Bendijo Dios a Noé y a sus hijos, y les dijo: Fructificad y multiplicaos, y llenad la tierra (…) He aquí que yo establezco mi pacto con vosotros, y con vuestros descendientes después de vosotros;* (Génesis 9: 1:9).

Luego Dios da a Abraham una promesa que confirma el plan inicial de perpetuar Su pacto a través de los hijos. "Haré de ti una familia grande y te bendeciré… y serán benditas en ti todas las familias de la tierra" (Génesis 12: 2-3, paráfrasis del autor). La fe de Abraham en la promesa de Dios se asentaba en la certeza de que su hijo era parte integral del plan de bendición del Señor. Isaac fue su hijo de la Promesa. Dios prometió a Abraham darle bendición, y una gran descendencia que a su vez sería de bendición a todas las naciones de la tierra.

Cuando el pueblo de Israel llegó a la tierra prometida, Dios le mandó a Josué que levantara un monumento con doce piedras, pero no eran piedras cualesquiera las que tenían que llevar. Ya se había decretado una orden cuarenta años atrás:

> *Cuando cruces el río Jordán y entres en la tierra que el Señor tu Dios te da, erige algunas piedras grandes y recúbrelas con yeso. Escribe en ellas todo este conjunto de instrucciones una vez que hayas cruzado el río para entrar en la tierra que el Señor tu Dios te da, una tierra donde fluyen la leche y la miel, tal como te prometió el Señor, Dios de tus antepasados. Después de cruzar el Jordán, erige esas piedras en el monte Ebal y recúbrelas con yeso, tal como te ordeno hoy.* »Luego edifica allí un altar al Señor tu Dios con piedras enteras y en su forma original. No des forma a las piedras con ninguna herramienta de hierro. Edifica el altar con esas piedras sin labrar y úsalo para presentar ofrendas quemadas al Señor tu Dios. También sacrifica allí ofrendas de paz y celebra, ante el Señor tu Dios, comiendo hasta quedar satisfecho. Escribe con claridad todas estas instrucciones sobre las piedras cubiertas de yeso» (Deuteronomio 27: 2-8 NTV).

Parece increíble que nadie refutara las órdenes de Josué, ni se resistiera a trasladar las doce piedras de en medio del Jordán. Doce piedras, una piedra por cada hombre. No se negaron, no reaccionaron, no tenían desgano para trabajar las piedras "de en medio del Jordán". Más bien, había una disponibilidad total.

> *Así que los hombres hicieron lo que Josué les había ordenado. Tomaron doce piedras del medio del río Jordán, una por cada tribu, tal como el Señor le había dicho a Josué. Las llevaron al lugar donde acamparon esa noche y construyeron allí el monumento. Josué también apiló otras doce piedras a la mitad del Jordán, en el lugar donde estaban parados los sacerdotes que llevaban el arca del pacto. Y las piedras siguen allí hasta el día de hoy.* (Josué 4:8-9 NTV).

Mientras unos cargaban las piedras, los otros se mantenían en el río, esperando que todos llegaran a su destino.

Un legado de fidelidad a Dios

Al leer este pasaje meditamos en lo poco dispuestos que estamos en esta época para trabajar duro, para levantar monumentos que les recuerden a nuestros hijos la fidelidad de Dios. Muchos padres se quejan de sus hijos y de cómo, habiéndolos traídos de pequeños al templo, se apartan del Señor en su adolescencia. Hay otros que llegan a la iglesia cuando sus hijos ya estaban lejos, apartados de Dios, y se preguntan: ¿Cómo hago para que mi hijo vuelva sus ojos a Dios, si yo mismo le enseñé malas cosas en la vida? No hay respuesta fácil, de eso se trata este libro, pero una de las cosas que necesita hacer es levantar en su hogar un monumento a la fidelidad de Dios. No tengas miedo de levantar doce piedras pesadas, y erigir un monumento que tus hijos puedan ver.

Tal vez para unos esas piedras simbolizan su trabajo en la obra, su dar con generosidad, y la obediencia a Dios y a sus líderes. Para otros será el vivir con integridad dentro de su hogar, llevando una vida positiva a los hijos. Para

LEVANTA EN TU HOGAR UN MONUMENTO A LA FIDELIDAD DE DIOS.

unos terceros será dejar de repetir las cosas malas que les suceden o las dificultades en el hogar, para enfocarse en todo lo bueno, justo, puro y honesto. Ninguna de esas cosas es fácil. Son doce piedras que parecen pesadas de llevar, pero que transformarán tu familia.

Cuando vas al templo y tus hijos te ven, ¿qué recuerdo estás dejando en ellos? El momento en que se llama a voluntarios a servir o se habla del dar, tus hijos te observan. Si respondes positivamente, ellos guardan ese recuerdo en su memoria. Si ven queja o disgusto, lo registrarán también. Cuando hablamos de sujeción u obediencia a los mandatos del Señor o al líder, tus hijos te miran. Si eres una persona que honra a sus autoridades, sean estas familiares (como padres o esposos), civiles (como autoridades), religiosas (como sus pastores o líderes), ellos observan. Estás levantando un monumento. Si ven que eres una persona rebelde, ellos lo serán, porque ese es el recuerdo sembrado en su corazón. Queremos que nuestros hijos trabajen fuerte, sean responsables, se sujeten a nuestra autoridad, y sepan respetar nuestras órdenes. No lo lograremos si no somos capaces de levantar las piedras de la responsabilidad, el honor y la bendición.

Las decisiones y acciones que tomamos hoy afectarán el futuro de nuestros hijos para bien o para mal. Tendrán una consecuencia a largo plazo. Si lo entendiéramos, no viviríamos de una manera irresponsable y egoísta, sino correcta y desprendidamente, dejando a nuestros hijos y nietos una herencia de bendición.

EL VERDADERO AMOR DEJA DE LADO SUS DERECHOS POR EL BIENESTAR DEL SER AMADO.

Creemos que el amor mueve el mundo, y que hay muchas cosas que podemos llegar a hacer por amor. Piensa por un momento: ¿Puede el amor darnos la fuerza para dejar de hacer las cosas que sabemos incorrectas, solo para que nuestros hijos no las repitan? Estamos convencidos que sí. El amor puede darte la fuerza de apagar el cigarrillo, y botar el vaso de alcohol. El mundo grita "yo tengo mis derechos", pero el verdadero amor deja de lado sus derechos por el bienestar del ser amado, y pone primero lo primero.

Parecería que hay muchas personas que a los ojos de Dios han logrado el éxito, aunque el mundo lo haya considerado un fracaso, y viceversa. La Biblia registra muchas historias de personas que pensaron que lo que hicieron fue insignificante, pero que marcaron la historia del mundo en general, y de sus descendientes en particular. Podrían parecer intrascendentes, pero marcaron sus generaciones. Por ejemplo está Rahab, aquella ramera de Jericó que acogió a los espías del pueblo de Israel, y con ese simple acto salvó a toda su familia. No solamente eso; también se introdujo en la genealogía de Jesús.

Recuerda a la madre de Moisés escondiendo a su niño, y luego criándolo en el temor del Señor. El poco tiempo que lo tuvo, lo marcó de tal manera que cuando fue adulto, Moisés fue capaz de negarse a las riquezas de Egipto, y prefirió servir a su Dios. ¿Quién le enseñó a Moisés acerca del Dios de Israel? De seguro que su madre cuando lo amamantaba le contaba la historia de cómo había sido salvado de las aguas, y le hablaba de un Dios que tiene propósitos.

Piensa en Ana, preparando un Samuel para el servicio de Dios, formando en ese tiempo de intimidad con su niño, un verdadero líder para el pueblo de Israel; hablándole acerca de su oración al Señor y la respuesta de Dios en forma de un hijo. ¿No te parece que estas personas, sin tener una gran estatua o un monumento a su fama, han dejado un legado permanente?

Podemos también pensar en José, quien cuando su padre lo quiso bendecir, pidió que no le bendijera a él, sino a sus hijos. José pudo ser capaz de poner los intereses de sus hijos por sobre los suyos propios (Vea Génesis 48). Por el desprendimiento de su padre, Efraín y Manasés, quienes no eran herederos, recibieron parte de la herencia de sus tíos en la tierra que Dios les prometió. José pensó en el futuro de sus hijos, y no le importó sacrificarse por ellos. Ese es un ejemplo maravilloso a seguir por cuanto por el sacrificio de un padre, dos hijos reciben la herencia, y a partir de ese momento son contados como parte de las tribus de Israel.

¿Cuántos de nosotros podemos sacrificarnos para que los hijos tengan la bendición que nos correspondía? ¿Cuántos podemos dejar de proclamar nuestros derechos para bendecir a los niños, y dejar para ellos un legado que permanezca? ¿Seremos capaces de renunciar a nuestros derechos, intereses o placeres para que nuestros hijos tengan un legado?

La mayoría de las personas se enfocan en la herencia material que dejarán a sus hijos. Y es cierto que la Biblia dice que los hombres justos dejarán herencia a los hijos de sus hijos (Vea Proverbios 13:22). Pero no basta. Otros piensan que la mejor herencia que pueden dar a sus hijos es el estudio, pero no es suficiente. Hay quienes quieren que ellos continúen un negocio o su profesión, pues ya tienen estabilidad. Está bien que preparemos a nuestros hijos para la vida, pero eso no es todo. Pensando en esto, Dios me recordó una historia de la Biblia:

> (…)*Hiram rey de Tiro había traído a Salomón madera de cedro y de ciprés, y cuanto oro quiso, que el rey Salomón dio a Hiram veinte ciudades en tierra de Galilea. Y salió Hiram de Tiro para ver las ciudades que Salomón le había dado, y no le gustaron. Y dijo: ¿Qué ciudades son estas que me has dado, hermano? Y les puso por nombre, la tierra de Cabul, nombre que tiene hasta hoy. E Hiram había enviado al rey ciento veinte talentos de oro* (1 Reyes 9:10-13).

Cabul significa "sin ningún valor". El menosprecio desata resentimiento, y el desprecio desata muerte. Hiram, rey de Tiro, desde el inicio del proyecto estuvo muy entusiasmado, y colaboró generosamente con Salomón. Sin embargo, experimentó desprecio y menosprecio al recibir de parte del rey ciudades que no tenían valor.

En el fondo, el dinero que les puedes dejar a tus hijos como herencia es *Cabul*, que muchas veces trae más infelicidad que paz para quienes lo reciben. Proveer estabilidad financiera no es suficiente, pues esta de nada sirve si nuestros descendientes no alcanzan misericordia y justicia. Por ello Jesús dice que no debemos hacer tesoros en esta tierra, que serán destruidos hasta convertirse en la nada, sino que nos esforcemos por hacer tesoros en el cielo, que son los verdaderamente permanentes (Ver Mateo 6: 19-20).

Ningún esfuerzo es demasiado, ningún tiempo es mucho, ningún trabajo es excesivo cuando se trata de marcar el corazón de los hijos, dejando en él huellas del temor de Dios y de los valores cristianos que serán imborrables, y les susurrarán a sus oídos aún después de que hayamos partido con el Señor. El éxito es cumplir con el mandato del Señor de extender su reino en esta tierra, y qué mejor manera de hacerlo si no a través de las semillas que Dios nos ha dado: los hijos. Todo lo demás es Cabul.

Muchas personas nos dicen que tenemos suerte, al ver a nuestra familia sirviendo al Señor. Pero no es suerte. Aída y yo hemos llevado esas doce piedras durante muchos años, con esfuerzo, alegría y decisión. Hemos llevado la piedra del servicio que en ocasiones ha sido pesada, la del dar, la de la sujeción, el respeto y la honra a las autoridades, la del compromiso con Dios y su iglesia. Hoy la historia de nuestra vida es un recordatorio de la fidelidad de Dios para hijos y nietos.

LA HERENCIA ESPIRITUAL ES LA MEJOR Y MÁS GRANDE HERENCIA QUE PUEDES DEJAR A TUS HIJOS Y NIETOS.

En la actualidad se escriben y se venden miles de libros sobre el liderazgo y el éxito; muy pocos sobre la verdadera fuente de la grandeza y la permanencia: la familia. Lo cierto es que la mejor y más grande herencia que podré dejar para mis hijos y mis nietos es la herencia espiritual. Esta es una herencia que asegura para ellos la misericordia y la justicia del Señor para los días que están aún por delante.

¿Cómo podemos dejar esa herencia espiritual que les hable de nuestro Dios, aún cuando nosotros ya no estemos para decirles? ¿Cómo podemos marcar su corazón de tal manera que no puedan borrarse las huellas plantadas, y su amor por Dios permanezca?

Todo comienza con recibir al Señor, y aceptar su señorío diariamente en nuestras vidas. Como padres cometemos muchos errores, mas si guardamos su pacto y obedecemos su Palabra, Dios honrará nuestra vida derramando sobre nosotros sabiduría, bendición y vida eterna que tocará a hijos, nietos y bisnietos. Ellos podrán percibir siempre la influencia de la misericordia y la justicia de Dios en sus vidas.

Es preciso sembrar intencionalmente en ellos los principios y la Palabra de Dios, y por supuesto, recuerdos que les hablen a través de los años. Para ello será necesario establecer tradiciones. Piensa por un momento en la forma en que estás viviendo: ¿Tienes tradiciones (fechas o lugares especiales) que ayuden a tus hijos a aprender acerca de la obra de Dios en su vida? ¿Tomas tiempo para decirles lo que Dios ha hecho por ti, perdonándote y salvándote, contestando tus oraciones, supliendo tus necesidades? Vuelve a contarles la historia de tu vida, y ayúdales a mantener vivos los recuerdos de la fidelidad de Dios. Levanta símbolos que muestren la fidelidad de Dios a las generaciones que te siguen.

Cuando vas al templo, cuando escuchas el mensaje, al leer la Palabra de Dios, ellos ven nuestra cara, escuchan nuestras palabras, y están atentos a nuestro proceder. Si aprenden desde pequeños a dar a Dios lo que le pertenece, las primicias y los diezmos, tendrán asegurada una herencia de bendición. Porque dice la Biblia que nunca se ha visto un justo desamparado, ni su descendencia que mendigue pan

SI LES ENSEÑAMOS A PRESTAR ATENCIÓN A LOS DEMÁS, TENDRÁN RELACIONES MÁS SALUDABLES.

(Vea Salmo 37:25) Si enseñas a tus hijos a ser justos, jamás pasarán necesidad. Si les mostramos la riqueza de un corazón perdonador, podrán vivir una vida sin tanto peso, más libres. Si les enseñamos a prestar atención a los demás, tendrán relaciones más saludables.

Nos hemos propuesto, como Josué, caminar en el sendero del Señor, con el deseo de amarle, y ser ejemplo para las generaciones que vienen detrás de nosotros.

> *(...) Por mi parte, mi familia y yo serviremos al Señor* (Josué 24:15 NVI).

Sembremos recuerdos… dejemos huellas… levantemos monumentos que recuerden la gracia y la bendición de Dios a los que vienen detrás.

Te invitamos a tomar esta decisión hoy, y a hacer el siguiente compromiso con Dios y contigo mismo:

> "Me propongo guardar su Palabra como mi norma de fe. Me propongo ser una persona de influencia positiva para las generaciones que vienen detrás de mí. Señor, gracias porque al llegar ante ti reconozco que no hay mejor herencia que la que he recibido de tu mano; es una herencia espiritual que vemos con nuestros ojos naturales. Hoy quiero caminar en tu pacto y amarte, y si así lo hago, estaré estableciendo el fundamento para las generaciones futuras".

5

¿*Quiénes* SOMOS?
¿*Qué* HICIMOS?

"Solo podrás saber qué tal padre fuiste cuando veas cómo
tus hijos educan a tus nietos". – Xavier Cornejo

El entendimiento que llegamos a tener de nosotros mismos y nuestra identidad empieza cuando somos pequeños. La forma en que fuimos reconocidos por nuestros padres como individuos, en relación a los hermanos o amigos cercanos, marcó nuestra vida quizás más de lo que somos conscientes.

En relación a la crianza, la mayoría de nosotros, sin una consciencia clara del impacto en la vida de nuestros hijos, simplemente repite lo que sus padres hicieron pasando de generación a generación traumas, dolores y tristezas; arrastrando maldiciones, pecados y fallas.

(JIMMY) Ese es el caso de un hombre con el que tuve la oportunidad de hablar hace un tiempo atrás. Tiene cerca de 90 años, pero su corazón aún siente el dolor de la ausencia de su padre. Mientras hablábamos, podía ver cómo sus ojos se llenaron de lágrimas. Su madre murió cuando él era pequeño, no sé si tenía tres o cuatro años. El papá no quiso, no supo, no pudo criarlos. Era todavía un hombre joven, y quería casarse nuevamente y formar una familia. Así que los llevó a él y a su hermano a Europa, continente del que él mismo había venido unos años atrás, y los dejó con sus propios padres.

Fue así como los abuelos paternos y la tía los criaron. Era una época en que los viajes debían hacerse por barco, y su padre no los podía visitar con mucha frecuencia. Durante su adolescencia estalló la Segunda Guerra Mundial, y pasaron años en los cuales no lo vieron. Pero un día, cuando fueron grandes y la guerra terminó, él y su hermano tomaron todos sus ahorros, y decidieron venir al Ecuador. Fueron por Noruega, muy al norte, y tomaron el barco que los traería. Sus expectativas eran altas. Por fin llegaron a su patria, no importaba el tiempo ni el maltrato. Tenían la ilusión de vivir con su padre, y ser parte de su familia. Pero las cosas no siempre salen como se planean.

Ellos no pudieron encajar en el nuevo hogar que su padre había creado. Después de una discusión con su madrastra, quedó claro que el padre no estaba dispuesto a sacrificar su nueva familia por ellos. "Si tengo que escoger entre ustedes y mi familia, escojo a mi familia", les dijo. Y ellos se fueron nuevamente del país. Nunca más vivieron con su papá, y aunque aparentemente se restableció la relación, hasta hoy este hombre sigue llorando y su corazón sigue doliendo por la ausencia del padre. Al escucharlo hablar, no pude dejar de llorar con él.

La cosa es que cuando le preguntamos acerca de sus propios hijos, él mencionó los dos de su segundo matrimonio. A los dos hijos que tenía de su primera esposa, los ignoró. Increíblemente, estaba repitiendo la historia que tanto dolor causó en su corazón.

Con algunas variantes, esta es una historia muy común. Hace unas semanas tuvimos la oportunidad de compartir con un pastor de otro país, un hombre de 50 años aproximadamente. Me habló de su padre y de la forma como lo había tratado. "Siempre quise honrarlo", me dijo. "Desde que a mis 17 años conocí al Señor lo he honrado, pero para él nunca es suficiente". Ahora él es un pastor de una de las iglesias más influyentes de esa ciudad. Tiene 3.500 miembros que lo escuchan predicar semana a semana, y oyen su consejo. Pero allí estaba en el restaurante, contándome cómo nunca podía llenar las expectativas de su padre, y cómo él lo había tratado. Y llorando. No pude resistir la voz del Espíritu Santo de Dios que me dijo: "¡Abrázalo!" Y allí estábamos, dos hombres maduros, en medio de un restaurante, abrazados y llorando.

Vino una muchacha a hablar en mi oficina. Me habló acerca de cómo su vida se había vuelto un desastre. Tenía sexo con muchachos sin importarle nada. Entonces hablamos de su padre, y el dolor de su corazón afloró. Me contó que el padre se separó de su mamá, y nunca más las buscó. Cuando ella habló con él años más tarde, el hombre, que era cristiano, le dijo que aunque nunca les había llamado, y jamás había pasado dinero para su manutención, no creyera que las había abandonado ni a ella ni a su hermana. "Siempre oro por ti", le dijo, "así que no me digas que las he abandonado".

Lo que traemos de nuestra crianza

Muchas veces vemos a los padres actuar de manera espontánea, sin preguntarse de dónde salió la frase que dijeron sin pensar, o esa creencia que, aunque no tiene lógica alguna, está grabada en su interior desde la infancia. Reaccionamos y no somos proactivos, de tal manera que lo único que hacemos es repetir la historia de nuestra familia, aun aquellas cosas que odiábamos de nuestra crianza. Por ello es tan necesario resolver nuestros propios problemas de identidad, imagen y relaciones antes de tener hijos, pues, de lo contrario, les transferiremos nuestros conflictos a ellos, y por supuesto, no podremos ser los padres que Dios quiere que seamos, y que nosotros deseamos

ES PRECISO CAMBIAR LAS MALDICIONES GENERACIONALES POR BENDICIONES GENERACIONALES.

ser. Hay quienes creen que únicamente cuando somos padres aprendemos a valorar a los nuestros. Puede ser verdad, pero lo cierto es que la paternidad saca de nuestro interior mucho más que el reconocimiento a los padres. El verdadero yo, en todo el sentido de la palabra, aflora cuando tenemos hijos.

"La familia genera recuerdos. Viva de tal manera que al pasar los años, sus hijos quieran traer a la memoria esos recuerdos", dice nuestro amigo Sixto Porras. ¡Y qué gran verdad encierran estas palabras! El pasado no es pasado tan solo por el paso del tiempo.

En la mayoría de las iglesias cristianas de hoy se cree en la doctrina de las maldiciones generacionales, y se predica mucho sobre ese tema. Se pretende romperlas con decretos y gritos de guerra espiritual. Lo cierto es que estas maldiciones pasan de padres a hijos a través de la crianza. Desde nuestro punto de vista, es preciso cambiar las maldiciones generacionales por bendiciones generacionales.

Creemos que es tiempo de hablar de las bendiciones generacionales: cambiar la herencia de maldición por una de bendición, creando hábitos y actuando de tal manera que nuestros hijos vean reflejado el carácter de Dios en nuestra vida.

(AÍDA) Mi papá tiene 91 años en este momento. Es un hombre al que le gusta mucho leer. Aún ahora, es la lectura la que ocupa la mayor parte de sus días. Como a mí también me gusta leer, le pregunté de dónde había tomado esa afición. Entonces me habló de su madre, mi abuela. Ella era una mujer fuera de su época que encontró una fuente de riqueza en la lectura. Me contó que cuando él tenía cinco años, su madre le leía libros, y podía recordar los títulos de muchos de ellos. Han pasado más de 86 años, y mi padre recordaba las enseñanzas de su madre como si hubiera sido ayer. Eso me impactó.

EL ÉXITO O FRACASO DEL MATRIMONIO DE SUS HIJOS O NIETOS SE ESTÁ GESTANDO EN SUS RELACIONES DE FAMILIA.

Me parece que muy pocos padres y madres son conscientes del impacto que tendrán sus palabras, hábitos y ejemplo en sus generaciones. Los estamos marcando de por vida, para bien o para mal. Probablemente el éxito o fracaso del matrimonio de sus hijos o nietos se está gestando en sus relaciones de familia en este momento. Es que aprendimos hace tiempo ya que no hay problemas matrimoniales, sino problemas personales llevados al matrimonio; y potencializados en él, por supuesto. El matrimonio no es una cura para los conflictos intrapersonales. La verdad es que si una persona no resuelve sus propios problemas a solas con Dios, el matrimonio no los resolverá. O si una persona no es feliz ella misma, no lo será porque se case. Un amargado soltero, después de la boda, solo pasará a ser un amargado casado.

Pues lo mismo ocurre con la paternidad y la maternidad. Cada padre o madre tienen sus propios conflictos personales, que si no se resuelven se pasarán de generación en generación.

La vida pasa rápidamente y de pronto, los pequeños ojos que miraban los nuestros tratando de descubrir en ellos su propia identidad, nos mirarán de manera más profunda y analítica. Es entonces cuando la mayoría de los padres se sienten abrumados, incapaces de satisfacer las expectativas de los hijos, y reaccionan pretendiendo negar sus propios errores o tomando una posición de autoridad sin admitir análisis o comentario alguno.

Todas estas cosas nos llevaron a recordar una historia que leí hace tiempo. Se trataba de un niño para quien ese día fue extraordinario. Anotó el evento memorable en su diario simplemente declarando: "Hoy fui de pesca con mi papá. ¡Fue el día más grandioso de mi vida!." Su papá era un hombre influyente y muy ocupado, así es que ese día de atención intencional le habló volúmenes a la vida de este joven muchacho.

Años después, llegó a sus manos el diario de su padre después de que él había muerto. Recordó ese día con agrado, y se preguntó lo que su padre había anotado acerca del mismo. Descubrió que la

¡CUÁNTO DOLOR VIENE AL CORAZÓN DE UN HIJO CUANDO EL PADRE NO TIENE TIEMPO PARA ÉL!

percepción de su padre ese día había sido completamente diferente al suyo. "Hoy fui de pesca con mi hijo", escribió. "Fue un día desperdiciado." ¡Qué impacto tiene el amor de un padre sobre la vida de su hijo, y cuán devastador cuando existe la falta de ese amor! ¡Cuánto dolor viene al corazón tierno de un hijo cuando el padre no tiene tiempo para él! ¡Qué difícil es cuando los hijos descubren que la percepción del padre de esa relación fundamental es tan diferente a la suya!

Los padres no son solo un espejo en el que nos vemos reflejados. Su forma de relacionarse también es el modelo relacional que marcará nuestra vida, las amistades, y las conexiones con otras personas, de cualquier índole que sean. Si cuando crecimos observamos un matrimonio bien llevado de nuestros padres, tenemos más probabilidades de que el nuestro sea así. Si por el contrario, la relación de los padres fue conflictiva, probablemente la que tendremos con nuestra pareja será igual.

¿A quién tú miras cada mañana en el espejo? ¿Te gusta lo que ves? O quizás la pregunta debería ser: ¿En qué espejo te estás mirando? ¿Sigues estancada en el espejo de tus padres y, tal como en el cuento de Blanca Nieves, cuando el espejo te responde que no eres la más bella, la más simpática, la más inteligente, o simplemente la mejor, te sientes descorazonada, y envidias a quienes aparentemente tienen más? La valía de la reina del cuento de Blanca Nieves dependía de lo que el espejo respondía. Es más, cuando el espejo le dijo que ella no era la más bella, se transformó por el odio y la amargura, dejando su vida de lujo para perseguir a quien consideraba su rival. Quizás nunca lo pensaste de esta manera, pero la amargura de la mujer la volvió fea y desagradable.

La Biblia dice que los padres de Moisés vieron que el niño era "hermoso" y por eso lo protegieron. No sabemos si Moisés era más hermoso que otros niños, más bien creo que hace referencia al valor que sus padres le dieron, y que les impulsó a luchar por su vida y seguridad. Moisés pasó de niño poco tiempo con su familia biológica. Pero la formación que con ellos recibió nunca lo abandonaría, y pudo más que la sabiduría de los egipcios y las tentaciones del palacio.

> *Por la fe Moisés, hecho ya grande, rehusó llamarse hijo de la hija de Faraón, escogiendo antes ser maltratado con el pueblo de Dios, que gozar de los deleites temporales del pecado, teniendo por mayores riquezas el vituperio de Cristo que los tesoros de los egipcios; porque tenía puesta la mirada en el galardón. Por la fe dejó a Egipto, no temiendo la ira del rey; porque se sostuvo como viendo al Invisible* (Hebreos 11:24-27).

¿Quién inspiró en Moisés ese valor y esa fe? ¿Quién sembró en él la confianza de que Dios recompensa a quien confía en Él? Esa fe no pudo sino provenir de lo que su madre sembró en él. Cada día ella debe haberle contado su historia de valor, fe y confianza, hablándole del Invisible Dios que lo cuidó cuando ella ya no pudo hacerlo más.

Esto puede ser positivo o negativo. Si tuviste una madre como la de Moisés, será positivo, pero si tus padres no te transmitieron la información correcta, las marcas que pusieron en tu interior serán negativas. Las conductas y palabras de nuestros padres y de otros adultos significativos quedan grabadas en nuestro cerebro como una película. Cada una de ellas nos produce ciertas emociones y sensaciones que se entrelazan entre sí.

Identidad es cómo tú te percibes; imagen es la presentación que haces de ti para que otros lo interpreten. En la sicología hablan de la auto-imagen y de la autoestima. Quien tú piensas ser determina cómo vives y la clase de decisiones que tomas, las cosas que decides hacer y no hacer, y por sobre todo, el padre o la madre que serás.

Lo más serio de todo esto es que ni siquiera es la respuesta de los padres la que nos marcará, sino la manera en que percibimos esa respuesta. Esos mensajes del pasado aún rigen nuestro presente.

> **IDENTIDAD ES CÓMO TÚ TE PERCIBES; IMAGEN ES LA PRESENTACIÓN QUE HACES DE TI.**

No solo aprendemos los modelos relacionales de los padres; también recibimos de ellos la manera de ver la vida. Así que, si pensaste que el pasado quedó en el pasado, te equivocas. El pasado ha marcado nuestro presente, y si no somos conscientes de ello, determinará nuestro futuro y el de nuestros hijos. Como padres es preciso mirar al futuro con esperanza, y sembrar esa idea en la vida de nuestros hijos. Porque el día en que tú crees que no tienes futuro, regresarás al pasado.

Este es un buen momento para que reflexiones acerca de los patrones de conducta enseñados por tus padres, que estás reproduciendo en la crianza de tus hijos. Las marcas pueden ser muy fuertes, pero si quieres cambiar el futuro, es preciso cerrar el pasado si ha sido negativo. Lo que somos determina lo que hacemos, y lo que somos surge de nuestra identidad. ¿Cómo soy yo, como padre o madre? ¿A quién me parezco? ¿En qué forma estoy repitiendo el mismo modelo de crianza que yo tuve?

Para que sea más fácil encontrar la respuesta, haz un pequeño análisis de tu crianza. Lo ideal sería que hicieras un árbol genealógico, y puedas anotar en él las características de tus padres y abuelos. Piensa. ¿Reflejas algunas características de tus antepasados? Reflexiona cómo te hicieron sentir los gestos y las palabras con las cuales tu familia se relacionaba contigo, y de qué manera influyeron en la persona que eres hoy. Sé totalmente honesto.

> **SI QUIERES CAMBIAR EL FUTURO, ES PRECISO CERRAR EL PASADO SI HA SIDO NEGATIVO.**

Puedes hacerte preguntas como: ¿Qué tipo de crianza tuve? ¿Fueron mis padres permisivos, autoritarios, indiferentes, lejanos o cariñosos? ¿Supieron cómo equilibrar esos aspectos? ¿Tal vez eran padres ausentes? ¿O quizás uno de ellos tenía carácter más fuerte y dominaba en el hogar? ¿Cómo me hacía sentir eso? ¿Ellos pudieron afirmarme como persona? ¿Qué tipo de lenguaje se usaba en mi casa? ¿Cómo me hacían sentir las palabras de mis padres? ¿Había violencia? ¿Cuáles eran los valores fundamentales en mi familia? En ocasiones, personas se enojan cuando las comparan con sus papás, sobre todo en discusiones de familia. Nos hemos preguntado por qué. Tal vez lo que sucede es que revive en ti situaciones que prefieres olvidar, pero las repites una y otra vez sin saber por qué.

Los médicos hablan de inclinación genética o herencia, y los creyentes la llaman maldición generacional. La verdad es que las cosas se retienen o se dejan ir desde el fondo del corazón. Eso incluye los pecados de nuestros padres. Los hijos e hijas que no perdonan los pecados de sus padres los retienen, y cometen los mismos errores que ellos una y otra vez.

Si el valor que sus padres le dieron a Moisés y la enseñanza de los primeros años de vida lo pudo sostener en el palacio de los faraones, en las montañas llenas de ovejas y en su largo viaje por el desierto, también podrá sostener a tus hijos en las encrucijadas de la vida.

Es muy rápido decirlo, pero no siempre es así de rápido vivirlo. Si lees detenidamente la historia de Moisés, te darás cuenta que aunque tenía las bases bien puestas en su infancia, pasó un buen tiempo hasta que pudiera reconocer su identidad, y reconciliarse consigo mismo y su pueblo. Fue un proceso largo en el que probablemente tuvo muchas luchas internas.

Padre, madre, no te desesperes cuando tus hijos estén atravesando ese proceso. Si tú sabes que sembraste en ellos la Palabra de Dios y los valores cristianos, tu tarea es ayudarles a recordar quiénes son ellos.

Muchos de los que han sido heridos por sus padres llevan durante toda la vida ese dolor en su corazón, y es la falta de perdón la que los ata al mismo pecado que no perdonaron. De allí que un niño abusado, generalmente será un adulto abusador. Está atado a este pecado hasta que no perdone a su abusador. Muchos podrían sentir que el maltrato de su pasado no les permite ser los padres que quisieran ser, pero en realidad es la falta de perdón al maltrato la que les impide que cambien y sean diferentes.

Perdonar no significa dejar de darle importancia a lo que sucedió, ni darle la razón a alguien que lo lastimó. El perdón es más bien un acto de liberación. Cuando perdonamos a nuestros padres, somos libres de las maldiciones generacionales que nos han mantenido atados al pecado que ellos cometieron.

A quienes remitiereis los pecados, les son remitidos; y a quienes se los retuviereis, les son retenidos (Juan 20:23).

De hecho, "el perdón es el principio de la liberación", dice el Dr. Ed Cole. Necesitamos perdonar rápidamente para poder mantener un corazón sano.

Enseñamos lo que sabemos; reproducimos lo que somos. En muchas ocasiones, cuando nos vemos reflejados en nuestros hijos nos disgusta lo que vemos. Lo que sucede es que ellos no siempre mostrarán lo mejor de nosotros, sino aquello que durante años hemos pretendido disimular, o que simplemente hemos negado. Al mirar en ellos actitudes que no nos gustan como rebeldía, sarcasmo, crítica, mal genio o murmuración, nos preguntamos de dónde salió. Podría ser que estén repitiendo alguna forma de reaccionar de nosotros, sus padres, de la que nunca fuimos conscientes. Recuerda que es más fácil ver la paja en el ojo ajeno que la viga en el propio.

Puede ser que tus padres no hayan sido los mejores, y que tengas heridas en tu corazón. Mas por el futuro tuyo y el de tus hijos, hoy te animamos a cerrar las puertas abiertas en tu pasado, solucionar los conflictos inconclusos, y mirar tu rostro en el verdadero espejo: la Palabra de Dios. En el momento que nos convertimos en padres, somos nosotros el espejo en que nuestros hijos se verán.

Mira dentro de tu hogar

Ante las situaciones de nuestros hijos, la mayoría de las veces no debemos mirar afuera, sino dentro del hogar. Es fundamental que padres y madres seamos muy conscientes de quiénes somos nosotros mismos, y las decisiones que tomamos en nuestra vida, pues afectarán nuestras generaciones. Es necesario que de manera lúcida e intencional, tomemos tiempo para resolver nuestros propios conflictos del pasado, y deshacernos del equipaje pesado. También es preciso que incluyamos nuevas maletas en nuestra travesía como padres mediante decisiones bien pensadas, pues como lo dice Steve Covey, "nunca se puede estar demasiado ocupado conduciendo, como para no tener tiempo de detenerse y poner gasolina".

Si no logras dar ese paso, será muy difícil responder a la pregunta de identidad que te harán sus hijos. Entonces ellos buscarán respuestas en otros lugares y como resultado, su corazón irá detrás de quien responda esa pregunta.

6

¿Cuándo los PERDIMOS?

La mujer amaba a Dios, y tener un hijo era su mayor anhelo. Habían pasado años de su matrimonio, y para calmar ese dolor, ella se aferró a su fe en Dios. Esto la llevó a construir una habitación en su casa para que el siervo de Dios pudiera descansar cuando estaba por ese sector. Agradecido, el profeta buscó la manera de bendecirla, así es que cuando se enteró que ella no podía tener hijos, oró, y Dios hizo un milagro. En el siguiente año, ella abrazaba un niño, tal como el profeta le dijo. La mujer estaba feliz.

El chico creció, y un día se fue con su padre al campo. En un momento determinado sintió un fuerte dolor de cabeza. El papá no se percató de lo que sucedía, y lo único que hizo fue mandarlo a dejar con la madre, pero el niño murió. ¡Por un simple dolor de cabeza! (Vea 2 Reyes 4: 18-30). El padre no aparece en este momento. Y el hijo es devuelto a la madre. Tal vez es por eso que el corazón de muchos hijos está más cercano al corazón de sus madres, y lejos del de sus padres.

Esta mujer estaba decidida a pelear por la vida del chico, así que enarboló su asno, y fue donde Eliseo. Le pidió que regresara con ella a la casa para que orara por su hijo. Fue perseverante en su petición. ¡Pocas cosas son tan poderosas como la oración de una madre!

Eliseo fue a la casa, oró sobre el niño, y este resucitó. Entonces él llamó a la madre, y le entregó a su hijo.

Entonces Eliseo llamó a Giezi y le dijo: «¡Llama a la madre del
niño!». Cuando ella entró, Eliseo le dijo: «¡Aquí tienes, toma a
tu hijo!». Ella cayó a los pies de Eliseo y se inclinó ante él llena
de gratitud. Después tomó a su hijo en brazos y lo llevó abajo
(2 Reyes 4:36 NTV).

Es una historia fascinante del poder de Dios, pero también de lo vulnerables que son los hijos, y del cuidado que debemos tener con ellos. Por favor, toma un momento para leerlo. Si ya lo leíste, ¿te llama la atención, al igual que a nosotros, que el padre no se haya percatado de la gravedad de su hijo? ¿Será esto lo común, padres ocupados en diversos quehaceres que no prestan la atención necesaria a sus hijos, y no observan que hay cosas que les pueden causar la muerte? Es así que la mayoría de veces, los padres ni siquiera saben dónde, ni cuándo perdieron el corazón de sus hijos.

La Biblia nos dice que esa era una familia importante, seguramente de dinero. Probablemente el padre trabajaba duro y fuerte. Y ni siquiera se imaginó las consecuencias de ese dolor de cabeza, ni le importó que el chico enfermara. Estaba muy ocupado en su trabajo. Sucede lo mismo hoy. Los padres están trabajando, ocupados, y no se percatan de lo grave que puede ser un "simple dolor de cabeza". El problema está en que el éxito en un área de su vida (finanzas, posición, poder, relaciones) nunca compensará el fracaso en otras áreas, y mucho menos en la familia. Tal vez la situación, enfermedad o necesidad que los hijos tienen sea muy simple a sus ojos, y se convierte en "un dolor de cabeza" para los padres.

¿Podría ser que este muchacho se había vuelto invisible para su padre? Hay muchos hijos invisibles a los que no se les escucha, no se les mira, no se les aplaude, ni siquiera se les regaña.

HAY MUCHOS HIJOS INVISIBLES A LOS QUE NO SE LES ESCUCHA, NI SIQUIERA SE LES REGAÑA.

Hace un tiempo atrás, nos dimos cuenta de que hay niños invisibles. Vimos a uno de ellos a nuestro lado, en el patio de comidas de un centro comercial.

Allí estábamos los dos listos para comer. De pronto una familia con un hijo de unos cinco o seis años se sentó cerca de nosotros. Mientras los padres decidían qué comer (pizza o hamburguesa), el niño pidió pollo. Los padres seguían hablando entre sí, ignorando la petición del pequeño. Aunque él levantó la voz, nadie le contestó. Esa dinámica duró unos minutos. Por fin el padre se levantó, y trajo una pizza. Jamás interactuaron con el hijo. Ni siquiera le dijeron que no. Simplemente lo ignoraron. Ese era un niño invisible para sus padres.

Estos hijos pueden tener hermanos, pero por alguna razón no son los favoritos. No se los ve ni extraña en la casa. Tal vez ese fue el caso del rey David. Recuerda que cuando Samuel pidió a Isaí, el padre de David, que le presentara a sus hijos, él trajo siete muchachos. Aunque Dios le había dicho claramente a Samuel que uno de los hijos de Isaí debía ser ungido como rey, cuando estuvo frente a los muchachos, el Señor le dijo que no era ninguno de ellos. Por fin, a insistencia de Samuel fue traído el joven David de detrás de las ovejas, y aún oliendo a estiércol. Era probablemente un adolescente en ese entonces, ignorado por su padre y sus hermanos.

David tuvo muchos problemas con sus hijos después. A pesar de que tuvo grandes éxitos como hombre y como rey, sufrió grandes dolores como padre. El conflicto con su hijo Absalón es uno de los episodios más tristes de la Biblia.

Todo comenzó cuando el hijo mayor de David, Amnón, abusó de su media hermana Tamar. Absalón, que era hermano de Tamar de padre y madre, no solo vio el abuso; también se percató de la

LA REBELIÓN NO SURGE DE LA INCONFORMIDAD DE LA MENTE, SINO DE UN NUDO EN EL CORAZÓN.

negligencia de su padre en hacer justicia (Ver 2 Samuel 13). David falló en ejercer la disciplina sobre su hijo mayor, y ese fue el inicio de una serie de eventos desafortunados que solo terminarían con la muerte del joven Absalón.

David tuvo una familia disfuncional por donde la mire. Su triste relación con su hijo Absalón no es sino una muestra de todo lo que sufrió. ¿Dónde comenzó toda esta historia de dolor? En la herida que David causó en el corazón de su hijo. Sucede lo mismo hoy. La mayoría de las veces la rebelión no surge de la inconformidad de la mente, sino de un nudo en el corazón.

Tal vez la incapacidad de David de tener éxito en el área familiar viene de su propia crianza como un hijo apartado del corazón de su padre. Ese acto le trajo muy tristes consecuencias en el futuro. ¿Sería que estaba reproduciendo su misma infancia, cuando su presencia y sus necesidades fueron ignoradas?

En el Nuevo Testamento se habla de los padres como protectores de una casa, orando por sus hijos, enseñándoles, bendiciéndoles. Siempre que un niño necesitaba un milagro, está un padre o una madre pidiéndolo. No hay sustituto para la relación de los padres con los hijos, y la necesidad de protección de los pequeños. Padre, no abdiques a la más importante de todas las labores: la formación de tus hijos. Muchos piensan que con contribuir económicamente para la crianza de los hijos es suficiente. ¡No basta!

> **PADRE, NO ABDIQUES A LA MÁS IMPORTANTE DE TODAS LAS LABORES: LA FORMACIÓN DE TUS HIJOS.**

No es suficiente traer dinero a la casa; tampoco basta con pasar una pensión alimentaria al niño que no vive contigo. Si eres padre soltero o divorciado, eso significa que se cortó la relación con la madre del niño o la niña, pero el niño o la pequeña siguen siendo tu responsabilidad. Así que si tú, mujer, estás casada con un hombre que tiene hijos en otro hogar, no debes impedir que el padre cumpla con sus obligaciones.

(JIMMY) Hace unos pocos años atrás vendimos la casa en la que crecieron nuestros hijos. Es un gran trabajo sacar todas las cosas, aún aquellas que estaban en la bodega. Entonces, en medio de todas las cosas, apareció una raqueta de tenis nueva que había estado guardada por años. Cuando la vi, no pude evitar que lágrimas salieran de mis ojos. Recordé el día en que la compré, y también el día en que llegué a la casa y encontré a mi hijo jugando con mi raqueta nueva. Se la quité de las manos y de manera muy dura le reprendí, y le dije que jamás tocara mis cosas. Yo estaba tan enojado con él que no me importó cuando sus ojos se llenaron de lágrimas. Después de tantos años, quien lloraba era yo. Es que ese momento quedó grabado en el corazón de mi hijo, y abrió una brecha entre los dos. Yo nunca usé esta raqueta de tenis. Así como el padre que no se percató que por un simple dolor de cabeza podía perder a su hijo, yo no me di cuenta cuando arranqué la raqueta de las manos de mi hijo, el daño que causé en su corazón.

La madre sí se dio cuenta de lo que pasó. Generalmente la madres tienen, si no la claridad de lo que sucede, por lo menos una percepción de que algo pasa con sus hijos. Muchas veces también tienen mayor disposición de batallar por ellos. Lamentablemente, no siempre saben cómo. Luchan con sus propias fuerzas sin comprender que las armas de su milicia son espirituales, como dice el apóstol Pablo, y no carnales. Al tratar de pelear en la carne, en ocasiones hieren más a aquellos que quieren salvar.

Quienquiera que seas, es preciso que prestes atención para comprender lo que sucede en la cabeza y el corazón de tus hijos. Si adviertes que están alejándose del tuyo, la primera interrogante es desde cuándo y cómo se han alejado. En ocasiones será nuestra culpa, en otras nuestra responsabilidad, o tal vez solo el producto del engaño del pecado. Sin embargo, cualquiera que sea la situación, es necesario que hagamos todo lo posible por recuperarlos.

Esto puede suceder en cualquier etapa de la vida. La infancia y la niñez son determinantes para las relaciones futuras. Es el tiempo en el que el corazón de hijos e hijas se abre al amor de sus padres, o se cerrará hasta parecer inalcanzable. Mira que usamos la palabra "parecer". No importa la edad, ni la clase de padres que tenga, un hijo siempre anhelará el amor y la aceptación de ellos.

Si estás atento, observando claramente sus gustos y deseos, podrás descubrir hacia dónde está inclinándose el corazón de tu hijo en la adolescencia. Algunos jovencitos se cierran al diálogo con sus padres, al mismo tiempo que empiezan a andar con amigos que no son aprobados en la casa. O tal vez comienzan a vestir, y a actuar de cierta manera. Si bien es cierto que la adolescencia es un tiempo de cambio, y es normal que sus gustos y aficiones varíen, debes estar alerta. El corazón de un adolescente, sea este hombre o mujer, es muy delicado. Lamentablemente, algunas estadísticas dicen que es en esta etapa de la vida cuando más suceden los divorcios de sus padres. La ruptura de su hogar hiere profundamente su sensible corazón.

La meta debería ser que cuando llegue la hora de salir del nido, hijos e hijas lleven consigo los mejores recuerdos y enseñanzas de quienes los hemos criado. Y los padres, sin temor alguno y con la satisfacción del deber cumplido, abramos las ventanas, y les demos libertad para volar alto, sabiendo que su corazón está lleno de amor para Dios y las personas que los rodeen.

Pero no siempre es así. Esa es más bien la excepción. Por eso nos hemos preguntado al leer las escrituras: ¿Cuál es el punto en común de la ruptura entre padres e hijos?

¿CUÁL ES EL PUNTO EN COMÚN DE LA RUPTURA ENTRE PADRES E HIJOS?

Las familias que la Biblia presenta están muy lejos de ser perfectas. La mayoría de los padres y las madres en algún momento perdieron el corazón de los hijos. Lo perdieron para Dios y para sí mismos. Al leer desde el Génesis, veremos que Adán perdió a Caín, Noé a Cam, Abraham perdió a Ismael, y lo alejó de su corazón. El odio del muchacho nos afecta hasta el día de hoy. Jacob perdió a todos los suyos en un momento determinado. Aunque años más tarde los recuperó, nadie pudo librarlo del tiempo del dolor y el sufrimiento pasados.

¿Has pensado alguna vez cómo sería la vida de Adán y Eva al saber que habían perdido el paraíso para siempre? ¿Qué fue lo que transmitieron a sus hijos? ¿El conocimiento de un Dios amoroso, o el de un Dios castigador?

Habiendo sido escogido por Dios y después de haber visto su mano de protección, lo primero que hizo Noé cuando bajaron las aguas fue un altar. Su espíritu adoró a Dios, pero en seguida se dejó llevar por la carne, y se emborrachó. ¿Surgió la acción de Cam (como quiera que usted la interprete), de su desilusión por ver al hombre en quien él y sus hermanos habían creído y seguido, durmiendo una borrachera? Probablemente eso hizo que Cam perdiera el respeto por su padre.

Si bien Abraham sabía que Isaac era el hijo de la promesa, Ismael también era su hijo. ¿No pudo hacer nada para unir el corazón de Ismael al suyo y al de su hermano? Echarlo de casa, ¿era la única solución?

El sacerdote Elí tenía dos hijos, llamados Ofni y Finees. ¿Sintieron ellos la negligencia de su padre como desamor? Muchas veces los hijos nos prueban hasta ver cuáles son nuestros límites. ¿Esperaban ellos que su padre mostrara más firmeza, y un mayor compromiso con Dios? Probablemente sí. Pero la indiferencia de su padre y la debilidad de su carácter los llevó a la destrucción, no solo a ellos, sino a su generación y a toda la nación de Israel. ¿Recuerdas la historia?

En medio de la batalla, mueren Ofni y Finees, y su padre, ya viejo, impresionado por la noticia, se cae del lugar en que estaba sentado. Ese momento, la esposa de Ofni da a luz un hijo al que llamaría Icabod, que quiere decir "sin gloria". Ese fue un día "sin gloria" para Israel. Es que al no tener la "presencia" con ellos, perdieron toda la gloria de Dios y la fuerza de Israel. Ese fue un día muy triste. Sin embargo, no hicieron nada para remediar lo sucedido (Vea 1 Samuel 4). Después de que Elí murió, Samuel gobernó a Israel, y sus hijos tampoco tuvieron un corazón para Dios. Después de haber sido testigo de primera mano de lo que le sucedió a Elí, ¿es qué no aprendió la lección?

Estamos seguros de que amas a Dios y a tus hijos. Te pedimos que pienses: ¿Tus generaciones quedarían sin gloria por tu desinterés en ellos? ¿Por tu falta de liderazgo e instrucción? Los hijos no valorados se transformarán en una generación débil, sin fuerza para

LOS HIJOS NO VALORADOS SE TRANSFORMARÁN EN UNA GENERACIÓN DÉBIL.

luchar por sus principios y creencias, y es que al no sentir el amor de sus padres, desarrollarán una muy baja autoestima, considerándose a sí mismos como muy poca cosa. Estos chicos harían cualquier cosa por sentirse amados y apreciados; de allí que la presión del grupo influya tanto en ellos. No importa lo que sus amigos hagan o quienes sean, son los únicos que los aceptan.

Lo que podemos ver es que todos estos padres a los que hemos mencionado cometieron faltas que marcaron el corazón de sus hijos, y afectaron su legado. La imagen de perfección se cayó sin que se den cuenta de la importancia de enlazar el corazón de sus hijos con el del Padre celestial. Quizás ellos mismos se alejaron de Dios en determinado momento, y por eso no pudieron conectar a sus hijos con el Padre que no falla.

Así que la pregunta lógica es: ¿Qué tienen en común todas estas familias? ¿Qué hicieron o dejaron de hacer estos padres, que no lograron conservar el corazón de sus hijos? Nunca antes nos habíamos preguntado esto, pero al leer cada una de las historias familiares relatadas en la Biblia, no podemos dejar de mirar que esta es una situación repetitiva.

Cuando los niños son pequeños, miran a sus padres como héroes todopoderosos, y tienen una alta expectativa de lo que los padres deben ser. El estilo de vida de los padres es el primer modelo de los hijos, y el que huellas más profundas dejará en su alma. Su palabra es fuente de confianza para los niños hasta que descubren que los padres mienten. Desilusión, frustración, resentimiento, ¿quién podría decir que es lo que sucede en el corazón de un hijo cuando pierde la confianza en sus padres?

EL ESTILO DE VIDA DE LOS PADRES ES EL QUE HUELLAS MÁS PROFUNDAS DEJARÁ EN SU ALMA.

¡Cuántas cosas los afectan! Lo que hacemos y lo que no hacemos, lo que decimos y mostramos, lo que somos y dejamos de ser, y lo que el mundo les ofrece.

Para terminar este capítulo, quisiera recordar a un padre que escogió mal. Tal vez no pudo deshacerse de su historia o herencia. Estoy hablando de Lot (Vea Génesis 12 y 13). Recuerda que Lot salió junto con Abraham de una ciudad idólatra y pagana, Ur de los caldeos, y viajó a una nueva tierra. Dios los bendijo de tal manera que los siervos del uno empezaron a tener conflicto con los siervos del otro.

Para evitar conflictos, deciden separarse. Entonces, de pie sobre una colina y mirando hacia el valle, Abram le dio a Lot la oportunidad de seleccionar primero la tierra en la que quería vivir. Lot miró los prados verdes bien regados y las hermosas casas en la llanura, y escogió el fértil valle. Pero detrás de aquellas paredes de alabastro blanco en medio de los fecundos campos, se levantaban las ciudades ya perversas de Sodoma y Gomorra, que serían causa de la posterior tragedia en la vida de Lot. En la escena siguiente, ya vemos a Lot viviendo en Sodoma (Vea Génesis 13: 12-13).

¿Sabía Lot que los hombres de Sodoma eran pecadores? Entonces, ¿cómo pasó? ¿Cómo llegó a ser parte de ese grupo de personas? Yo creo que poco a poco Lot fue apegando sus tiendas a la ciudad. No fue algo de la noche a la mañana; probablemente fue un proceso lento, casi imperceptible. Paso a paso Lot se acercó a Sodoma, fue bajando sus defensas, y años más tarde, mientras Dios repetía a Abram la promesa de prosperidad, allí, en las rocosas montañas, Lot ya vivía dentro de los límites de la ciudad de Sodoma. En una ocasión hasta fue tomado prisionero por el enemigo. Entonces fue Abraham, con 318 hombres nacidos en su casa, quien tuvo que rescatarlo. ¿No era esa ya una advertencia de que si no cambiaba, su suerte estaría ligada a la gente de Sodoma? Pienso que sí, que en muchas ocasiones tenemos pequeñas advertencias de lo que puede venir si no cambiamos, cortamos con el sistema del mundo, y ponemos límites en nuestra vida.

No se nos dice si Lot estaba casado cuando vivía con Abraham, pero podemos imaginar la historia desde dos puntos de vista diferentes. Si llegó casado y con hijas, fue el mismo Lot quien introdujo a su familia a Sodoma, y sus hijas se comprometieron con hombres nacidos allí, es decir, sodomitas (loy esa palabra significa homosexual). El hecho es que la familia de Lot se estableció en Sodoma, y al principio, su vida era más fácil que la de la familia de Abraham. Si ponemos la historia en la actualidad, las hijas de Lot seguramente asistirían al mejor colegio de la ciudad. Lot y su esposa esperaban que se casaran con hombres de "la sociedad" de Sodoma, y las preparaban para eso. La esposa y las hijas de Lot podían visitar las tiendas, y comprar ropa de última moda.

Aunque la Biblia dice que Lot se "afligía" viendo la maldad de Sodoma, eso no fue suficiente para salvar a su familia. En realidad, el fin de la familia de Lot es muy triste. Creo que es una advertencia para cada uno de nosotros, sobre todo para los padres que, pensando que hacen lo mejor para sus hijos, los introducen en un mundo opuesto a los valores bíblicos, y al final los pierden.

En lugar de apartar a su familia de la maldad del mundo, son ellos mismos los que los acercan a la maldad y al pecado. Se equivocan en discernir las cosas de verdadero valor, y terminan entregando su familia, a sus hijas, a los malvados hombres de Sodoma. Fíjate en algunos detalles que tal vez no has notado. Ve que aun los futuros yernos de Lot golpearon la puerta tratando de que les entregara a los "varones" que estaban allí para violarlos. Ellos no sabían que eran ángeles, pero Lot sí. Y tuvo temor del Señor. Así que se negó a entregar a sus huéspedes a los sodomitas, pero les hizo una oferta terrible: Por favor, no me obliguen a entregar a los varones, puedo entregarles a mis hijas para que hagan con ellas lo que quieran (Vea Génesis 19:8). ¿Puedes creer lo que Lot dice? ¡Hasta qué punto había llegado! Afuera estaban todos los hombres de Sodoma, incluidos sus futuros yernos, y Lot ofrece dar a sus hijas para que sean usadas y abusadas por ellos. ¿Y quién las defendió? No fueron sus novios, ni su padre; fueron los ángeles del Señor.

Hemos visto hombres que impulsan a sus hijas al sistema del mundo, deslumbrados por el dinero, el poder y la belleza. Son hombres que de una u otra manera estimulan a sus hijos a introducirse en el pecado, incentivándoles a tener una vida sexual activa al decirles que un hombre es más hombre porque tiene muchas mujeres, o porque ha iniciado su vida sexual a temprana edad. ¡Qué equivocados están!

Cuando piensan en la escuela o colegio en el que las pondrán para que estudien, se dejan deslumbrar por las bambalinas. Hacen esfuerzos económicos, y las ponen en colegios en los que creen que encontrarán "amigos de sociedad" o un "buen marido", sin darse cuenta que las están introduciendo en Sodoma. En el otro extremo, deciden ahorrar el pago de la pensión de un colegio cristiano, y buscan lo más barato sin darse cuenta que los principios de la Palabra sembrados en los niños darán fruto a su debido tiempo. Tú necesitas ver el futuro de tus hijos e hijas bajo los principios de la Palabra de Dios, y no a través del brillo de espejos que no valen nada.

Lot no tenía credibilidad alguna con su familia, pues desde que escogió el valle en lugar de alejarse de Sodoma, no había mostrado el valor, el coraje para defender sus principios morales.

Cuando los ángeles dieron la voz de alarma y trataban de apresurar a Lot, sus hijas y su esposa no estaban dispuestas a seguirlo, mucho menos sus yernos. No creyeron a su padre, ni siquiera a los ángeles. Y cuando ellos los toman de la mano y los sacan fuera, se resistieron a salir. La esposa de Lot se detuvo para mirar atrás, es decir, quiso regresar a Sodoma, y al hacerlo fue alcanzada por la lluvia de azufre, quedando convertida en estatua de sal. Al parecer ella no estaba dispuesta a abandonar el estilo de vida que llevaba en Sodoma (Ver Génesis 29:16).

Esta familia lo perdió absolutamente todo, su casa, su reputación, su comodidad, su familia, y terminaron atrapados en una cueva porque fallaron en discernir lo que es verdaderamente valioso. Cambian el lugar de la bendición de Dios por el brillo de cosas sin valor alguno, cuyo resplandor falso les promete un objeto de valor, y les impide reconocer el verdadero oro.

Luego sus hijas, que debían haber sido educadas bajo los principios de la Palabra de Dios y alejadas del pecado, cometieron actos terribles. Ellas se educaron en Sodoma. Se convirtieron en unas jovencitas sin principios morales, tanto que cuando se encontraron a salvo en una cueva, en lugar de arrodillarse y levantar un altar de gratitud a Dios, fueron capaces de emborrachar a su padre para tener sexo con él. ¿Qué moral tenían esas chicas? Ellas no respetaban a su padre, ni la memoria de su madre, ni a Dios. Lot falló. Su decisión inicial al escoger el valle, y no la montaña, fue determinante para su vida y su familia. Se dejó deslumbrar, y terminó pagando un precio muy alto. El error de Lot, no solo les costó muy caro a él y a su esposa, sino que destruyó el futuro de sus hijas, y sus nietos nacieron en maldición. Al final, todos perdieron. Pero, ¿podría él precisar el lugar y el momento en que perdió su familia?

Al parecer, todos los hijos tienen una expectativa en relación a sus padres, quizás no expresada verbalmente, o tal vez ni siquiera es consciente. Si esa expectativa no llega a cumplirse, surgirá una herida.

Los hijos piensan que sus padres, que debían ser su ejemplo, ser su guía, sus protectores, fallaron. Aquellos que debían reflejar el carácter del Padre Dios en la vida de sus hijos, misericordiosos y perdonadores, tiernos, pero firmes, ¡no lo hicieron! Cometieron grandes fallas morales, injusticias, y pecados que desilusionaron profundamente a los hijos. En algún momento su corazón fue herido, y la grieta que se abrió poco a poco, con el transcurso de los años, se fue haciendo mayor, dando como resultado que el corazón de los hijos se cierre y endurezca. Entonces se levanta un muro que parece impenetrable. El problema está en que la muralla no solo impide que el dolor penetre; tam-

> **LA MURALLA NO SOLO IMPIDE QUE EL DOLOR PENETRE; TAMBIÉN OBSTRUYE EL PASO AL AMOR.**

bién obstruye el paso al amor. Así, lo que comenzó de niño como una pequeña herida, se trasformará en un gran abismo en la juventud. Los jóvenes heridos se encierran en sí mismos, y no pueden recibir nada de sus padres.

La desilusión es un arma poderosa en manos del enemigo, que de muchas maneras les dirá a los hijos que no son amados ni valorados. El rechazo genera violencia, y nuestros niños están sintiendo ese rechazo por parte de sus padres. Si tú no sabes de dónde surge toda la ira que los jóvenes de hoy tienen dentro de sí, la respuesta no es muy difícil; es solo la cosecha de la siembra que hemos hecho. Los hijos que no se sienten amados se llenarán de ira, y darán como resultado una sociedad violenta. ¿Cómo nos sorprendemos de la cosecha de violencia que estamos teniendo con nuestros jóvenes?

Hace poco escuché una frase que decía que hay ex esposos, pero nunca hay ex hijos. Detrás de esas palabras aparece la presunción de que esa es una relación que no puede romperse, y por tanto, la damos por sentada. Sin embargo, al igual que otras relaciones y quizás más que muchas, esta es una que debe cuidarse con diligencia, porque cuando se rompe, se pierde el corazón de un hijo. Aunque este permanezca junto a sus padres o los vea con frecuencia, el dolor de la herida siempre está allí. Eso hace que los hijos reproduzcan con sus hijos las mismas cosas aborrecían que sus padres hicieran con ellos. Una relación lesionada trae terribles consecuencias para todos. Los hijos empiezan a faltar el respeto a los padres, y acarrean así las consecuencias de la deshonra. Los padres sienten el dolor como un puñal en su corazón. Nadie gana cuando se rompe la relación entre padres e hijos.

La mayoría de los padres se niegan a aceptar que de alguna manera han herido a sus hijos, o que fueron injustos, o que los rechazaron, tal vez porque eso los obligará a ver sus propias raíces con mayor objetividad. La tendencia del ser humano es a negar los sentimientos dolorosos, alejándose de esos pensamientos usando una máscara que oculta el dolor, el rencor, y la amargura que siguen anidando en el corazón.

Muchos papás y mamás no tienen la menor idea del daño que están causando a sus hijos. El Dr. Carlos Solomon lo expresó de esta forma: "La manera en que un padre rechaza a un hijo es inversamente proporcional a la manera en que él mismo fue rechazado, aunque muchas veces lo trata exactamente igual a la forma en que fue tratado".[1]

7

Tierra DURA

"Tus acciones hablan tan alto que no puedo escuchar tus palabras."

De seguro que has escuchado esa frase, y tal vez tú mismo la has dicho o mencionado en relación a alguien. Quizás ha escuchado este tipo de queja con respecto a alguien. Mas como dice la Escritura, es difícil verlo cuando somos nosotros quienes damos el ejemplo de aquello mismo que nos molesta. La viga en nuestro ojo es la que hace que acusemos a quien tiene paja en el ojo ajeno. Son nuestros puntos ciegos. Y esto incluye a los hijos. Hay padres que, con el cigarrillo en la mano, les dicen a los hijos que no fumen, o les prohíben tomar alcohol cuando ellos mismos bebieron la noche anterior. O hablan a sus hijos de santidad sexual aunque su vida es promiscua, o simplemente de obediencia o respeto cuando su corazón es rebelde hacia sus autoridades, y no respetan las leyes ni a nadie.

Dios nos habló acerca del corazón de hijos que se han endurecido a causa de las actitudes negativas y pecados no confesados o confesados y no abandonados de sus padres, y que por tanto no pueden recibir nada de ellos: ni el afecto, ni la instrucción, ni la enseñanza. El corazón se endurece, nos dijo Dios, a causa del dolor, del abuso, la traición o la decepción. Puede

EL CORAZÓN SE ENDURECE A CAUSA DEL DOLOR, DEL ABUSO, LA TRAICIÓN O LA DECEPCIÓN.

ser que tu hijo haya endurecido su corazón por las causas que hemos descrito, o como un mecanismo de defensa para que nadie le haga daño, para que no penetre el dolor en su interior, pero tampoco penetrará el amor de sus padres ni el amor de Dios.

Es como la tierra dura que no podemos remover fácilmente. Al pensar en esto, recordamos una de las parábolas más conocidas de Jesús: la parábola del sembrador.

> *Y les habló muchas cosas por parábolas, diciendo: He aquí, el sembrador salió a sembrar. Y mientras sembraba, parte de la semilla cayó junto al camino; y vinieron las aves y la comieron. Parte cayó en pedregales, donde no había mucha tierra; y brotó pronto, porque no tenía profundidad de tierra; pero salido el sol, se quemó; y porque no tenía raíz, se secó. Y parte cayó entre espinos; y los espinos crecieron, y la ahogaron. Pero parte cayó en buena tierra, y dio fruto, cuál a ciento, cuál a sesenta, y cuál a treinta por uno. El que tiene oídos para oír, oiga* (Mateo 13:3-9).

Por hoy cambia la perspectiva común con la que has visto esta parábola. Mírate como el sembrador, y el corazón de tu hijo como el terreno en el cual sembrarás muchas cosas. Imagínate a ti mismo con una bolsa de semillas que pondrás en el corazón de tus hijos. En este libro estamos hablando del corazón de nuestros hijos. No importa la edad que ellos tengan, su corazón podría ser descrito como uno de estos cuatro terrenos. Las semillas pueden ser palabras, actitudes o acciones. Jesús, quien es vida y paz, siempre nos da semillas de vida y paz. Satanás, nuestro enemigo, siembra del costal de la muerte.

El efecto de las palabras

En esta área debemos ser muy conscientes del poder de la palabra. El poder de la vida y de la muerte está en nuestra boca (Proverbios 18:21, paráfrasis del autor) Muchas veces son los padres quienes ponen semillas de dolor en el corazón de los hijos, al no controlar lo que dicen. El alma de los niños y jóvenes es terreno fértil en el cual fecundará cualquier semilla que se siembre, sea buena o mala. ¿Cómo estás hablando con tus hijos?

Las palabras son semillas. Al hablarlas en voz alta, son plantadas y cobran una vida propia; echan

SEGAREMOS PRECISAMENTE LO QUE HEMOS SEMBRADO.

raíces, crecen, y producen la misma clase de fruto. Si hablamos palabras positivas, nuestras vidas caminarán en esa dirección; igualmente, las palabras negativas producirán malos resultados. No podemos hablar palabras de derrota y fracaso, y esperar vivir en victoria. Segaremos precisamente lo que hemos sembrado.

Tus palabras son increíblemente importantes. Si constantemente comparas a tus hijos con sus hermanos, no permitirás que desarrollen su propio carácter, ni que se sientan bien por sus propias cualidades. Si constantemente les gritas, crearán un ambiente frío e inhóspito que será como hielo sobre su tierna sensibilidad. Para algunos padres, es muy fácil hablar de una forma dura y enojada sin siquiera darse cuenta. Sin embargo, los efectos son duraderos.

Mientras más temprano siembres palabras en sus vidas, más hondo penetrarán y por supuesto, serán más difíciles de arrancar. Aunque la cosecha no siempre viene en seguida después de la siembra, llegará. Si los padres han sembrado semillas de odio, amargura, rechazo, ira en el corazón de sus hijos, estas darán fruto a su debido tiempo. Y por supuesto, la semilla siempre producirá más de lo que se ha sembrado. Por cada semilla que se siembra, la cosecha que brote estará llena de la misma clase de semilla. No solo habrá una por cada planta; habrá miles. Si hemos sembrado la semilla equivocada, la cosecharemos multiplicada.

A medida que comparamos el corazón de tus hijos con la tierra, y analizamos los principios de siembra y cosecha, es fácil ver por qué existen áreas en las relaciones con nuestros hijos donde tenemos gran cantidad de problemas, y es que no hemos sembrado la semilla correcta. No sembramos paz en el hogar, sino contienda. No sembramos verdad, sino mentira. Cuando los conflictos llegan, en lugar de cambiar la siembra, volvemos a sembrar la misma semilla aun reforzada, y solo para recoger una cosecha peor. El contacto diario o las impresiones que dejamos (de las que ni siquiera nos damos cuenta) lo que hacen es echar veneno a nuestra semilla. Si la tierra está dura, no pierdas la esperanza ni destruyas tu cosecha. En lugar de eso, fertiliza la tierra o tu semilla con acciones correspondientes a la cosecha que esperas recibir (Vea Santiago 2:26.), y no trates de cosechar antes de tiempo simplemente porque estás ansioso de obtener resultados.

SI LA TIERRA ESTÁ DURA, NO PIERDAS LA ESPERANZA NI DESTRUYAS TU COSECHA.

Muchas pisadas sobre la tierra hacen que esta se endurezca, sea apisonando, hasta convertirse en un camino duro. Con razón las cosas que una vez fueron áreas pequeñas de irritación se convierten en grandes brechas, o, siguiendo con la ilustración, terrenos que antes eran suaves y fértiles, hoy se han vuelto duros.

Si la tierra deja de ser suave, la semilla no penetra en él. Es igual con los hijos. Hay demasiado tráfico en sus almas que no permite que la buena semilla permanezca y germine. Si al principio de su vida ellos estaban dispuestos a oír, amar y respetar a sus padres, si al pasar el tiempo, su corazón ha sido pisoteado por falta de respeto, crítica, sufrimiento y cosas similares, se vuelve duro como la tierra de un camino. Eso no permite ni siquiera que penetre la buena semilla que anhelamos sembrar en ellos. Padres y madres creyentes sienten que no saben cómo llegar al corazón de sus hijos, y es que este se ha convertido en piedra dura. Han rodado por él los carros de la soledad al criarse sin la presencia de sus padres, y los del rechazo, injusticia o falta de integridad que mira a su alrededor. Y cada vez que su corazón es pisoteado, se endurece más.

Jesús lo compara con el terreno que está junto al camino. Él mencionó que esta persona no pudo recibir la semilla, y por eso le fue arrebatada pronto. No la entendió porque no penetró en su corazón, pues el terreno estaba muy duro. No estaba preparado para recibir la semilla. ¿Por qué no lo estaba?

Cuando alguno oye la palabra del reino y no la entiende, viene el malo, y arrebata lo que fue sembrado en su corazón. Este es el que fue sembrado junto al camino (Mateo 13: 19).

El corazón endurecido es un terreno que ha sufrido, y que deberá ser suavizado para recibir la semilla. Un corazón endurecido es difícil de ser explorado y conocido. Está encerrado en sí mismo, **EL CORAZÓN ENDURECIDO ES UN TERRENO QUE HA SUFRIDO, Y QUE DEBERÁ SER SUAVIZADO PARA RECIBIR LA SEMILLA.** tal como cuando se levantan murallas para protección, sin tomar en cuenta de que nos volvemos prisioneros de nuestros propios muros.

Los conflictos interpersonales no nacen espontáneamente. Más bien son producto de la siembra incorrecta, de envidia y rivalidad, de rechazo, ira o desprecio. En el caso de una discusión, por ejemplo, la tensión aumenta cuando dos personas responden con enojo al conflicto. Es muy parecido a un carrusel. Una persona le da un impulso. En ese momento es muy fácil que la otra persona lo detenga, pues no lleva mucha velocidad. Sin embargo, si la otra persona también le da otra vuelta, la velocidad aumenta. El consejo bíblico, en cambio, nos enseña cómo detener esa escalada de violencia.

La blanda respuesta quita la ira; Mas la palabra áspera hace subir el furor (Proverbios 15:1).

Mientras reflexionábamos sobre esto, varios versos bíblicos que hablan sobre el corazón empezaron a dar vueltas en nuestra mente y nuestra conversación. Algunos, más que aliviar nuestra carga, trajeron preocupación. Es que la Biblia dice que el corazón del ser humano es perverso y engañoso (Ver Jeremías 17:9), y que nadie conoce sus verdaderas profundidades. Solo Dios lo conoce, pues aún ni nosotros mismos conocemos nuestro propio corazón, y no somos capaces de reconocer hasta dónde podemos llegar en determinados momentos. Aún hay cosas que pensamos que nunca seríamos capaces de hacer, pecados que nunca creeríamos cometer, pero que en ocasiones, presionados por las circunstancias, llegamos a ejecutar. Si no conocemos nuestro propio corazón, ¿cómo conoceremos el de nuestros hijos? Lejos de Dios el corazón del hombre está endurecido; se ha vuelto de piedra.

Pero también hay otra cosa que aprendimos sobre este tema. Permítenos explicarlo mediante el análisis de una de las doctrinas más arraigadas en la iglesia tradicional y de la que casi no se habla: el pecado original. La iglesia tradicional enseña que cada niño que nace tiene ya una mancha en su interior, a la que la llama "pecado original"; que su corazón viene ya manchado por el mal. Afirma que la única manera de que sea borrada esa mancha es mediante el bautismo. Por eso se bautiza a los niños, pues según esta lógica, la mancha del pecado está en todos, y si solo el bautismo la borra, hay que hacerlo lo más pronto posible.

Según la Biblia, el ser humano fue creado puro, santo y bueno; en otras palabras, "perfecto". Parte de su perfección tenía que ver con el libre albedrío que Dios le concedió. El hombre podía escoger entre lo bueno y lo malo, y escogió lo malo. A partir de ese momento pierde su comunión con Dios, y su corazón se empaña con la mancha del pecado. Ahora bien, los hijos no nacen con esa mancha, sino con la tendencia a pecar, que es diferente. Un bebé no tiene pecado. Lo que tiene, llegado el tiempo de la razón, es la opción de escoger pecar o no, al igual que Adán y Eva.

La tendencia heredada de sus padres será hacia el pecado. Este es quitado mediante el arrepentimiento. Es por eso que el bautismo, según la Biblia, es para aquellos que se han arrepentido; que su mancha ya ha sido quitada. La inmersión en agua es la muestra externa de lo que internamente ha sucedido: su corazón ya fue lavado por la sangre de Cristo y el agua del Espíritu.

La mayoría de los bebés y niños pequeños sí tienen un corazón para sus padres. Los padres son el primer amor de sus hijos. Un padre y una madre sabios saben que más importante que dirigir el corazón de sus hijos hacia ellos, es guiar su corazón hacia Dios. Esto se debe hacer vez tras vez, pues en todas las fases del desarrollo y la crianza de los hijos, los padres y madres no somos espectadores pasivos, sino actores principales del drama de la vida.

Hay quienes piensan que las palabras de Jeremías son inmutables, que el corazón humano es perverso, y que nunca cambiará. Toman como prueba de ello aquel pasaje al que nos referimos que nos habla del engañoso corazón humano. Pero sí tiene remedio por medio de Jesús. Todos quienes hemos recibido a Jesús como Señor y Salvador hemos sido regenerados por su Espíritu. La Regeneración hace algunas cosas por nosotros. En primer lugar, da vida a nuestro espíritu que estaba muerto a raíz del pecado. En Jesús ese espíritu nuestro es vivificado.

Ustedes estaban muertos a causa de sus pecados y porque aún no les habían quitado la naturaleza pecaminosa. Entonces Dios les dio vida con Cristo al perdonar todos nuestros pecados (Colosenses 2: 13 NTV).

El problema del corazón viejo no es que estaba muerto, sino endurecido. Por tal razón, el corazón viejo es ablandado, y el espíritu viejo es vivificado.

Les daré un corazón nuevo y pondré un espíritu nuevo dentro de ustedes. Les quitaré ese terco corazón de piedra y les daré un corazón tierno y receptivo (Ezequiel 36:26 NTV).

En la medida que hijos e hijas puedan relacionarse con ese Dios amante, protector, proveedor y perdonador, podrán también dirigir su corazón y sus afectos hacia sus padres. Es mediante nuestras acciones, decisiones, palabras y guía que podemos inclinar el corazón de ellos hacia el Padre Dios. Será esa relación vertical con Dios la que logrará juntar su corazón al nuestro, sus padres terrenales.

Muchas veces encontramos padres que de una u otra manera han fallado, han herido a sus hijos. Luego conocieron al Señor, y decidieron rectificar su vida. Entonces intentan muchas maneras

SERÁ ESA RELACIÓN VERTICAL CON DIOS LA QUE LOGRARÁ JUNTAR SU CORAZÓN AL NUESTRO.

de acercarse a su hijo, y él o ella parecen aceptar por un momento el amor, pero en seguida su corazón vuelve a cerrarse y endurecerse.

8

Transiciones

*Todo lo que es bueno y perfecto es un regalo que desciende
a nosotros de parte de Dios nuestro Padre, quien creó todas
las luces de los cielos. Él nunca cambia ni varía como una
sombra en movimiento* (Santiago 1:17 NTV).

Dios es inmutable. Él no cambia; sigue siendo el mismo ayer, hoy y siempre. Quienes tenemos una relación con Él podemos descansar en esa gran verdad. Sabemos que aunque el mundo cambie, nosotros estamos esculpidos por las manos de un Dios que no cambia. Esa certeza nos da seguridad. Esa es una buena noticia. Pero el Señor es el único que no cambia. Todas las demás personas, incluidos nosotros mismos, cambiamos en el transcurso de nuestra existencia. En ocasiones escuchamos la queja de los matrimonios respecto a que su cónyuge ha cambiado, que ya no es la misma persona con la que se casó, o que sus hijos han dejado de ser los pequeños que solían ser años atrás. Los cambios son parte de la vida y por tanto, son inevitables. El cambio es, entonces, algo constante, y debemos aprender a vivir con él.

Cambia nuestro cuerpo, cambian nuestras circunstancias, cambia el entorno que nos rodea, cambian los problemas a los que nos enfrentamos. Todos cambiamos y nuestras circunstancias también.

La mayoría de los padres no han aprendido a hacer la transición en las diversas etapas de la vida de los hijos. Aunque sabemos que el cambio es inevitable, parecería que los padres no se han

EL CAMBIO ES ALGO CONSTANTE, Y DEBEMOS APRENDER A VIVIR CON ÉL.

preparado para lidiar de la manera correcta con las transiciones necesarias para que esos cambios ayuden a crecer y a avanzar a sus hijos, sin que su corazón sea herido y corten su relación con ellos. De hecho, como ya lo mencionamos, suelen repetir su crianza con una idea en la mente: mis padres me criaron de tal o cual manera, y aquí estoy; no me ha pasado nada. Pensar de esa manera es no entender la individualidad de cada persona. Puede ser que el golpe o la palabra que no te afectó a ti, destrozó el corazón de los tuyos.

Los padres creen también que han criado igual a todos sus hijos, y no entienden por qué el corazón de uno ha permanecido ligado al suyo, y el del otro no. La verdad es que no podemos criar de la misma manera a todos los hijos, porque ellos no son iguales y nosotros mismos hemos cambiado entre el nacimiento del uno y el otro. De seguro los padres primerizos no criarán igual a su niño que aquellos que ya tienen dos o tres hijos.

Cada hijo tiene también un temperamento y un carácter diferente, por lo que se relacionarán con sus padres y hermanos de una manera distinta, sacando de ellos diversas cualidades. Hay hijos que tienen un temperamento dulce, y son más cariñosos que sus hermanos. Ellos pueden sacar de nosotros un abrazo con mayor facilidad. Están también los que molestan más, y probablemente es a estos a quienes regañamos con mayor frecuencia. Algunos son más vulnerables, y tendemos a protegerlos por sobre los otros, y también aquellos que son más independientes tienen una manera diferente de relacionarse con nosotros. No, jamás podremos criar a todos nuestros hijos "igual", porque ni ellos ni nosotros permanecemos estáticos en el transcurso de la vida. Nuestros hijos son diferentes entre sí, y en el transcurso de su existencia enfrentarán diferentes retos y muchos cambios.

Es preciso prepararnos para el cambio, y ayudar a nuestros hijos a crecer y desarrollarse de manera saludable sin controlarlos ni abrumarlos, pero cuidando de su corazón para lograr sobrevivir a las diversas etapas de la vida, manteniendo relaciones saludables con ellos. La Biblia dice que los niños están bajo tutores y curadores (Ver Gálatas 4:2), porque aún no están listos para tomar sus propias decisiones. Los niños no cuentan con la sabiduría para tomar algunas decisiones en su vida, ni para cuidarse por sí solos. Necesitan la guía y la dirección de padres y madres responsables. Por ello se nos llama a educarlos en el camino del bien desde su niñez.

Nuestra tarea es formar a nuestros hijos, pero ¿formarlos para qué? Pues la meta es que los hijos se conviertan en adultos éticamente íntegros, moralmente correctos, emocionalmente sanos y espiritualmente maduros.

No es fácil hacer las transiciones con sabiduría sin romper la relación con ellos. Es que no solo ellos están cambiando; también el mundo lo está. Aceptar esos cambios implica reconocer que también nosotros necesitamos cambiar.

RECONOCE LOS TIEMPOS Y SEÑALES PARA SABER TRATAR A TUS HIJOS.

Nuestros métodos para acercar a nuestros hijos al corazón de Dios y al nuestro, deberán ser más creativos y conscientes. Su relación con el mundo ha cambiado. Y aunque no lo quisiéramos admitir, nuestra relación con ellos cambiará también.

Los padres debemos reconocer los tiempos y las señales para saber cómo tratar a nuestros hijos. Reconocer que el bebé ya no es bebé, y tratarlo como un niño le ayudará a él a crecer y a relacionarse de mejor manera con el mundo. Debemos aprender a tratarlos sin caer en los extremos de negligencia o control. En Colosenses 3:21 la Biblia Amplificada (traducción libre) dice:

> *«Padres, no provoquen ni irriten ni molesten a sus hijos, no sean duros con ellos ni los hostiguen, no sea que se desanimen o pongan groseros y de mal humor, y se sientan inferiores o frustrados; o se vuelvan infelices».*

El mismo versículo en la Nueva Biblia Española dice así: *«Padres, no exasperen a sus hijos, para que no se depriman».*

Tomar en cuenta los cambios hormonales y emocionales de los niños y las niñas que dejan de serlo para convertirse en adolescentes puede confundir a los padres. Mas es preciso observar y guiarlos en la transición de niño a joven. Si no reconocemos los procesos, no podremos ayudarlos. Nuestro trato con ellos será impropio, y los alejaremos de nuestro corazón. Admitir que ya no son nuestros "bebés" o nuestros pequeños, es difícil para muchos que, sin mala intención en su corazón, halan demasiado la cuerda hasta ahogar la relación, o se convierten en padres flojos que no saben poner límites a sus hijos.

CADA ETAPA DE TUS HIJOS TIENE SU TRANSICIÓN.

La tendencia de la nueva filosofía que se ha difundido mucho en las escuelas es que los niños deben tomar sus propias decisiones o auto educarse. Parece un modelo atractivo, porque habla de la "libertad de los niños", y de la autorrealización y superación de ellos, pero al hacerlo se deja de lado la forma bíblica de la educación y la formación. Los padres que pretenden que sus hijos se formen a sí mismos, o los crían en un ambiente de total libertad permitiendo que los hijos hagan sus propias elecciones en todas las cosas, no han comprendido el modelo bíblico. Dios jamás quiso que los niños se formasen a sí mismos. Les dio padres que deben ocuparse activamente para lograr que los hijos lleguen a ser lo que Dios desea que sean.

Los hijos son como barro fresco en las manos de los adultos, quienes deben darles forma de acuerdo al diseño del Alfarero. No se puede dejar que el barro se forme a sí mismo; necesita de un artesano que lo forme. De la misma manera, los hijos necesitan de los padres para formarse.

Ellos son flechas en manos del valiente, como lee el Salmo 127: 4: *"Como saetas en mano del valiente, así son los hijos habidos en la juventud".* No puedes y no debes abandonar su responsabilidad de dar dirección a esas flechas, pues si tú no tomas el arco, otros lo tomarán, sean estos los músicos de moda, o los actores o actrices del momento, o el líder de la pandilla. Lo cierto es que si tú no cumples con tu tarea de formación en tus hijos, basando su educación en los principios de la Palabra, alguien plantará en ellos semillas diferentes.

Recuerda que estamos hablando de los niños, pero ellos crecen. Entonces los padres cuyos niños eran lo más amorosos y respetuosos de pequeños, les gustaba ir a la iglesia, y participaban activamente con los otros niños, se sorprenden cuando al llegar a su adolescencia, se rebelan contra las cosas de Dios, la iglesia y su propio liderazgo. Se preguntan: ¿Qué pasó?

La responsabilidad podría estar en la casa, pero también está la nueva relación del joven o la señorita con el mundo, sus amigos, y lo que ven en televisión, videos o las redes sociales. Todas esas cosas influyen en ellos. Los adolescentes, que por naturaleza cuestionan las órdenes y creencias de sus padres, oyen a sus maestros y compañeros que viven en un mundo diferente, el cual les parece atractivo. Así, en la juventud y adolescencia, dará fruto la enseñanza que los maestros han sembrado desde la más tierna infancia.

Las escuelas cristianas, que les enseñan valores conforme a la Biblia, satisfacen una verdadera necesidad: sembrar en nuestros jóvenes valores para edificar en ellos una generación de vencedores. Creo firmemente que nuestras escuelas cristianas tienen y tendrán un mayor desafío con el pasar de los años. Pero la responsabilidad de los padres no termina con dejar a los chicos en la escuela, sino incluye estar siempre pendientes de su educación, impregnando en sus mentes valores y normas correctas por medio de la Palabra y del ejemplo personal.

En cada etapa de la vida ellos se encuentran expuestos a diversos peligros. En algunos casos son personas de las cuales debemos protegerlos, y en otros son influencias o filosofías opuestas a la Palabra de Dios. Será necesario también protegerlos del maltrato y del abuso, y cuidar su corazón de heridas y dolores innecesarios. Está atento a las luces del mundo que atraen su mirada, pero reconoce los tiempos, y comprende que llegará el momento en que ellos deberán asumir la responsabilidad de su propia vida.

Aunque somos responsables de los hijos, también debemos aprender a dejarlos bajo el cuidado de Dios. Después de todo, ellos realmente son sus hijos, no nuestros. Una vez que hayas hecho tu parte, devuélveselos a Él. En medio del desconcierto que traen los cambios en la vida, hemos tenido que poner de manera consciente a nuestros hijos y nietos en el altar del Señor, y créeme, no es un proceso fácil, porque aunque tenemos la certeza de que Él no cambia nunca, nuestra natural tendencia es tratar de tener todo bajo control. No siempre comprendemos todo lo que pasa con nuestros hijos, y no siempre podremos hacerlo, pero es importante estar allí para ellos en el proceso de cambios de su vida.

Si no soltamos las amarras, tendremos jóvenes irresponsables con una adolescencia prolongada hasta bien entrados los años. La relación cambia. Cuando niños, ellos recibían órdenes, y podían ser disciplinados cuando no obedecían. Los jóvenes deben recibir consejos de sus padres, que tienen que asumir su papel de consejeros.

Manejar los cambios y hacer las transiciones de la manera correcta es difícil para todos. Lo fue también para la familia de Jesús. Cuando llegó el tiempo de la purificación, María y José fueron al templo. Sabían que ese niño era diferente, y estaban decididos a criarlo apegado al Altar de Dios. Fue entonces cuando recibieron palabra profética de lo que sería el niño que llevaban en sus brazos.

> *Simeón les dio su bendición y le dijo a María, la madre de Jesús: «Este niño está destinado a causar la caída y el levantamiento de muchos en Israel, y a crear mucha oposición, a fin de que se manifiesten las intenciones de muchos corazones. En cuanto a ti, una espada te atravesará el alma»* (Lucas 2:34-35 NVI).

No estamos seguros que María entendía todo lo que eso significaba. Por eso la Biblia dice que ella guardó las palabras del profeta en su corazón.

Luego, cuando Herodes amenazó la vida del niño, en medio de la noche José tomó al niño y a su madre, y huyó con ellos a Egipto para proteger a su familia. Ese fue otro cambio. Fue preciso que la familia cambiara de país, y vivieran como extranjeros en una tierra que no era suya. Jesús debía tener en ese entonces menos de dos años. En Egipto,

María y José debían empezar nuevamente. ¿Les costó hacer el cambio? De seguro que sí.

Tiempo después la familia regresó a Israel, pero no fueron a su ciudad natal, así que debieron empezar de nuevo en Nazaret. Allí Jesús empezó a crecer como un niño. Su infancia fue normal, pero pronto llegarían los años de su adolescencia. La siguiente imagen que nos da la Biblia es de unos confundidos padres tratando de razonar con un muchacho adolescente. Ese fue un cambio para ellos. De seguro que no entendieron cuando Jesús se perdió a la edad de doce años, y fue hallado en el templo. En ese momento los padres tuvieron que reconocer que ese mismo niño que había necesitado su protección, se había convertido en un jovencito independiente con un llamado y un propósito propio.

De seguro fue muy difícil para ellos hacer la transición de niño a joven. Los cambios de los adolescentes exigen nuevas reglas de juego, y nuevos límites. Cuando llegan a ser jóvenes, y se vuelven más independientes, es momento de dar un paso atrás. Ya no seremos nosotros los padres quienes tomaremos las decisiones por ellos; serán ellos mismos quienes manejarán sus vidas. ¿Que se equivocarán? ¡Pues claro que sí! Mas es preciso liberarlos, soltarlos, dejarlos crecer. Esa es una de las transiciones más difíciles para la mayoría de los padres y las madres.

Padres, ¿alguien les dijo que la paternidad trae gozo indescriptible, pero que también cada hijo trae consigo una cuota de dolor? Los hijos son alegría, los hijos son trabajo, los hijos son esperanza, y aún en ocasiones, los hijos son desilusión y dolor. Pero sobre todo, ¡los hijos son cambio! Al igual que María y José, los padres no siempre comprendemos en un inicio cómo nuestras vidas son transformadas el día en que llegamos a ser padres, y cómo nuestros hijos cambiarán a medida que crecen. ¿Has aprendido la manera correcta de relacionarte con tus hijos en cada etapa de la vida, entregando al Señor el futuro de ellos, y sabiendo que su plan es el mejor de todos?

No siempre comprenderás el plan de Dios para tus hijos, pero debes   **¡LOS HIJOS SON CAMBIO!**

aprender a descansar en la bondad de Dios; aceptar los cambios y convertirte en una madre o un padre que, superando sus propios temores, carencias, interrogantes y contradicciones permanece junto con sus hijos cuando ellos más la necesitan.

Nadie le explicó a María que no siempre comprendería a su hijo, y que a pesar de ello, debía confiar en él y apoyarlo hasta el fin. Ella no tenía idea de la forma en la que iba a morir Jesús y el odio que despertaría en muchos. Ella lo iba a ver sufrir, y por supuesto, al igual que los demás, pensaría que Jesús podía salvarse de la cruz.

A pesar de sus dudas, María nos muestra la imagen de una madre que confía en Dios aún en los momentos de más densa oscuridad y que, en medio de sus lágrimas, sigue aferrada a su fe y a la esperanza como firme ancla del alma. Todas sus dudas fueron resueltas luego de la muerte de Jesús. En ese momento de dolor y luego de que miles de personas se habían reunido alrededor de su hijo, pocas personas estaban junto a él. Y de todas, Jesús se fijó en ella. María había hecho un compromiso con Dios y con su hijo desde el día en que aceptó la petición del ángel. Eso implicó cambios e incertidumbre, mas su pacto de amor con su hijo la mantuvo a su lado en sus momentos de mayor necesidad.

Es preciso hacer ese compromiso con nuestros hijos. Es necesario reconocer que deben vivir sus propias vidas, pero también es preciso dejar claro que cuando ellos necesiten apoyo, consejo y guía estaremos allí para ayudarlos. Ellos deben tener la certeza de que los aceptaremos aún cuando, como el hijo pródigo, lleguen con mal olor. Ellos precisan tener la certeza de que recibirán el abrazo de quienes los amamos, aunque permanezcamos como actores de segundo plano en el desarrollo de sus vidas.

ES NECESARIO RECONOCER QUE DEBEN VIVIR SUS PROPIAS VIDAS.

Sería maravilloso si pudiéramos decir que, si somos buenos padres, nuestros hijos automáticamente reciben una «vacuna» contra el pecado, de tal forma que se convierten en hijos perfectos, modelos de excelencia para siempre.

Lamentablemente, tal vacuna no existe. En ocasiones, no importa lo que hagamos, puede haber momentos cuando ese «precioso tesoro» que un día trajimos del hospital a casa se vuelve una pesada carga.

Jesús nos muestra cuál fue la reacción del padre, que en este caso es el padre Dios, cuando su hijo le falló. Está en la parábola del hijo pródigo. Leamos esta parte de la historia.

> *Y levantándose, vino a su padre. Y cuando aún estaba lejos, lo vio su padre, y fue movido a misericordia, y corrió, y se echó sobre su cuello, y le besó. Y el hijo le dijo: Padre, he pecado contra el cielo y contra ti, y ya no soy digno de ser llamado tu hijo. Pero el padre dijo a sus siervos: Sacad el mejor vestido, y vestidle; y poned un anillo en su mano, y calzado en sus pies. Y traed el becerro gordo y matadlo, y comamos y hagamos fiesta; porque este mi hijo muerto era, y ha revivido; se había perdido, y es hallado. Y comenzaron a regocijarse* (Lucas 15:20-24).

¿Qué hizo el padre cuando el hijo le pidió la herencia? Se la dio. El amor da libertad al ser amado. Dios nos ha dado libertad aún cuando esa libertad nos aleje de Él.

¿Qué podemos hacer, entonces, cuando nuestro hijo nos informa que ha escogido un estilo de vida en contra de los principios de la Palabra de Dios? ¿Cómo reaccionar cuándo nuestra hija resulta embarazada, y sabemos que ocultarlo tras un matrimonio apresurado va a ser aún peor? ¿Cuando nuestros hijos se drogan, abusan del alcohol? Reaccionar como Dios reacciona.

Él nos sigue amando a pesar de nuestra desobediencia. Entonces nuestro camino es amar a nuestros hijos sin aprobar su pecado. Podemos derramar nuestro corazón en oración delante de Dios (y *debemos* hacerlo), pero necesitamos además, que aquellos que son sensibles a nuestro dolor oren con nosotros, especialmente cuando hay ocasiones en que ni siquiera logramos pronunciar palabra a causa de tanta aflicción.

Permitir que los hijos tomen sus decisiones, y reconocer que son adultos, hombres y mujeres responsables por su vida es todo un trámite en nuestras familias. ¿Y qué decir de la forma en que cambiarán nuestra manera de relacionarnos con ellos cuando se casan, y salen de nuestro hogar? He visto padres que van a la universidad a "hablar" con los profesores acerca de sus hijos, y también aquellos que siguen disciplinándolos por no "obedecer", aunque ya son personas independientes.

Muchas madres no logran reconocer que su hijo varón ya no es suyo, sino de otra mujer. Entonces interfieren en la relación del hijo varón con su esposa, siendo de alguna manera la rival. Al final, o se corta la relación con la madre, o se corta la relación con la esposa. ¿El resultado? Un corazón roto. De la misma manera cuando una hija se casa, las madres y padres deben reconocer que su hija ya no es una niña, sino una mujer casada. Ya no tienen la autoridad sobre sus hijos; solo son sus consejeros si ellos se lo permiten.

Hemos escuchado de madres que golpean a sus hijas delante de sus esposos, pues no las ven como mujeres, sino como niñas. Eso solo muestra falta de respeto a la mujer en la que su hija se ha convertido. Es necesario entender que a medida que amemos lo que ellos aman, su corazón se mantendrá de una manera saludable conectado al nuestro. Padres y madres deben estar dispuestos a entregar sus hijos a sus cónyuges, y reconocer que ya no les pertenecen.

Siempre que Dios nos da algo para administrar, espera fidelidad de nuestra parte (Vea 1 Corintios 4:2). Los padres, en este caso administradores, tenemos la responsabilidad de lograr que las transiciones se hagan de la manera correcta para que se cumpla nuestro objetivo de criar hombres y mujeres emocionalmente saludables, moralmente correctos y espiritualmente maduros, y que todas las cosas que Dios planificó se hagan realidad en la vida de nuestros hijos. Ten por seguro que llegará el día en que rendirás cuentas acerca de la administración del mayor encargo de todos. ¿Estás dispuesto a creer en las promesas de Dios, y apoyar a tus hijos en medio de las transiciones de la vida?

Segunda Parte

Gana la BATALLA por el CORAZÓN de tus HIJOS

9

Trabajo de TIEMPO completo

*Los hijos que nos nacen son ricas bendiciones
del Señor* (Salmo 127: 3 DHH).

Poner en orden las prioridades es fundamental para definir el estilo de vida que llevamos, y el tiempo que le damos a cada cosa en nuestro horario. Ahora bien; una cosa son las palabras, y otra los hechos reales y concretos de la vida diaria. Así que para definir qué es lo primero o cuál es la prioridad en su vida, nos gustaría que respondas de manera sincera este pequeño cuestionario.

¿Qué ocupa la mayor parte de tus pensamientos?

- a. El dinero
- b. El trabajo
- c. Dios, la oración
- d. Amigos, eventos, salidas
- e. Esposo
- f. Salud
- g. Hijos

¿Cuánto tiempo dedicas semanalmente a...

a.   Limpiar la casa/ arreglar cosas

b.   Trabajo fuera del hogar

c.   Jugar con los hijos

d.   Hablar con esposo/a

e.   Hablar por teléfono

f.   Orar o leer la Biblia

g.   Actividades sociales

h.   Estudiar/aprender o capacitarse

¿Qué te brinda mayor satisfacción en tu vida?

a.   Trabajo

b.   Casa

c.   Familia

d.   Iglesia

e.   Amigos

f.   Estudios/crecimiento personal

Estas tres preguntas son para que puedas analizarte, y ver aquellas cosas que probablemente te han pasado desapercibidas. Aunque decimos que algunas cosas son nuestra prioridad, el tiempo que les dedicamos desdice nuestras palabras. Cuando tenemos algo en alta estima, como el trabajo, el automóvil, un amigo, un juguete, nos gozamos de cuidarlo para no perderlo o que se dañe. Mientras más aumento el valor de mi cónyuge y de mi familia, más fácil me es amarlos y cuidarlos. *"Porque donde esté vuestro tesoro, allí estará también vuestro corazón"* (Mateo 6:21).

En esas preguntas, tú puedes escoger las respuestas. Entremos de lleno en su situación porque si nos estás leyendo, es claro que quieres recuperar el corazón de tus hijos. Vamos a conversar sobre diferentes áreas dentro de ti que hayan podido alejar el corazón de tus hijos. Iremos haciéndote preguntas.

Piensa bien cada respuesta, y escríbela.

_____

_____

¿Estás atento a sus hijos, tratando de conocerlos mejor?

_____

_____

¿Cuáles son los intereses de sus hijos?

_____

_____

¿Inviertes en ellos el tiempo y el dinero que realmente necesitan?

_____

_____

¿Cuánto tiempo les dedicas en la semana?

_____

_____

¿Conversas con ellos, o te molesta hacerlo?

_____

_____

¿Los valoras, son importantes para ti?

_____

_____

Si algunas respuestas son negativas, o no pudiste contestar otras, tus prioridades no están en el orden correcto de la Palabra de Dios. Pero esto no es para hacerte sentir culpable, sino para crearte consciencia.

Cuando tenemos a los hijos en alta estima, buscamos que se sientan apreciados. Lo podemos lograr más fácilmente, con más energía, y con mayor enfoque, claridad y conocimiento. Las pequeñas cosas, las pequeñas bondades son importantes, pero así mismo las pequeñas asperezas y faltas de respeto suponen retiros grandes en la cuenta bancaria emocional. En una relación, las cosas grandes son las cosas pequeñas.

> **EN UNA RELACIÓN, LAS COSAS GRANDES SON LAS COSAS PEQUEÑAS.**

¿Te ocupas con intención de crear momentos especiales y/o traerles a tus hijos detalles que los hagan sentir que recuerdas lo que les agrada?

_____

_____

¿O más bien no puedes comunicarte sin reprocharle algo que no hicieron o hicieron mal, por pequeño que sea?

_____

_____

¿Tratas a tu hijo como un ser humano querido, o como a quien piensas inferior a ti?

_____

_____

¿Le buscas defectos, o le reconoces virtudes?

_____

_____

¿Lo elogias o lo criticas constantemente?

_____

_____

¿Te piensas con derecho a faltarle el respeto solo porque es tu hijo?

_____

_____

¿Lo tratas con aspereza en público o en privado?

_____

_____

¿Recuerdas la historia que leímos acerca del padre que, ocupado en sus labores, ni siquiera supo que su hijo había muerto? Cuando su hijo enfermó, él se quedó trabajando en el campo como si eso fuera más importante que la vida y la salud del muchacho. Y un sencillo dolor de cabeza causó la muerte del chico. La mayoría de las veces no damos la importancia debida a los hijos. Ni siquiera comprendemos sus problemas.

¿Conoces los problemas de tus hijos?

_____

_____

¿Te parecen insignificantes hasta el punto de ignorarlos o burlarte?

_____

_____

Si los conoces, ¿los comprendes, intentas ayudar?

_____

_____

Los noticieros, las revistas, la Internet, las redes sociales y los periódicos nos bombardean con estadísticas negativas. El embarazo y el aborto en las adolescentes han crecido. El sexo prematrimonial es casi una regla. Las pandillas están integradas cada vez por niños más pequeños. Chicas y chicos se involucran en las drogas desde más temprana edad. Los cultos y prácticas religiosas crecen entre los jóvenes, robándoles su fe en el Señor Jesús. Las personas dicen mostrar preocupación y aun horror por el estilo de vida que toman los adolescentes. El suicidio juvenil ha crecido en escalas alarmantes. Parecería que las cosas van de mal en peor.

La causa, básicamente, está en la familia. Es entonces cuando reflexionamos sobre dónde están los padres de estos pequeños. La madre de la adolescente que acaba de perder su vida por el aborto mal practicado, ¿sabía que su hija estaba embarazada? Probablemente no. Así como tampoco el padre se da cuenta cuando su hijo ha consumido drogas por primera vez, o el más pequeño forma parte de una pandilla. Los problemas que enfrentamos son muy profundos, han afectado a nuestra cultura aún más de lo que indican las estadísticas, y la mayoría de las veces sin que los padres se dieran cuenta.

Muchos padres cuyos hijos se suicidan se sienten sorprendidos. ¿Observas a tu hijo lo suficiente para notar cambios en su conducta en la escuela o en el hogar? ¿Le has visto regalar sus posesiones? ¿Se aísla? Ante esas conductas, ¿has intervenido o lo has dejado solo, pensando que a él nunca se le ocurriría hacer algo así?

_____

_____

¿Dirías que su hijo está totalmente exento de la droga, las pandillas, un embarazo o el sexo prematrimonial? ¿Qué harías si supieras que estás equivocado?

_____

_____

¿Piensas que solo el hijo del vecino puede estar en ese tipo de conducta, y que tu hijo es "incapaz", aunque alguien te lo sugiera?

Los padres son co-responsables de cuidar, proteger, amar, proveer, nutrir y fortalecer esos hijos. La mamá no puede reemplazar al papá, pues cada uno tiene un espacio diferente, y maneras diferentes de mostrar a los hijos el mundo. Padres y madres aman de maneras diferentes, juegan de manera diferente, disciplinan de maneras diferentes, y proveen a sus hijos diferentes cosas, preparándolos para enfrentar la vida de manera diferente. Los padres tienden a ver a su hijo en relación con el resto del mundo. Las madres tienden a ver al resto del mundo en relación con su hijo. Los padres proveen una mirada al mundo de los hombres; las madres, al mundo de las mujeres. Los padres ayudan a sus hijos varones a entender la sexualidad propia de un hombre, mientras que las niñas recibirán a través de su madre su primera lección de lo que una mujer representa. Mirando de cerca a papá y mamá, los niños y las niñas podrán conocer a Dios en su totalidad.

De seguro que ningún padre desearía jamás que su hijo pase a formar parte de las estadísticas negativas de las que hablamos. La negligencia de los padres y el abuso infantil se han metido sigilosamente en nuestros hogares. No hablamos de que hayas echado a tus hijos a la calle, ni los hayas maltratado físicamente, pero puede ser que la filosofía del yo se haya adentrado en tu vida, dejando sus huellas de egocentrismo, ausencia de compromiso, y prioridad de tus propios asuntos e intereses.

> **LOS PADRES PROVEEN UNA MIRADA AL MUNDO DE LOS HOMBRES; LAS MADRES, AL MUNDO DE LAS MUJERES.**

Más parece que muchos padres ni siquiera se imaginan los desafíos y las presiones que sus hijos deben enfrentar cada día. La mayoría no entiende los nuevos términos que los jóvenes usan, y viven ajenos a la realidad de sus hijos. En cierto sentido, los padres están en una burbuja de cristal que les impide ver lo que pasa alrededor de sus hijos, y la mayoría de las veces, cuando lo ven, sienten temor. El temor se traduce en ira, y la ira solo separa más las relaciones entre padres e hijos o hijas, que ya son muy frágiles. Entonces reaccionan de dos maneras, ambas desatinadas. Por un lado castigan a los hijos por las cosas incorrectas que hacen, (que son el fruto) sin ir a la raíz de los problemas que surgen de la inseguridad, la falta de valoración y la soledad que tienen por dentro. O niegan la realidad y culpan a los amigos, la escuela, los maestros, sin observar y corregir la raíz interna que provocó que su hijo o hija actúe de una manera equivocada.

¿Conoces los desafíos que enfrentan tus hijos?

_____

_____

¿Enfrentas con ira las situaciones de tus hijos, y solo los castigas sin entender los problemas por los que pasan? ¿O prefieres entrar en negación y culpar a todos excepto a tu falta de valor para encontrar verdaderas causas?

_____

_____

¿Tienes idea de lo solos e inseguros que se pueden sentir?

_____

_____

Pero todas estas cosas tienen las mismas raíces: depresión, desamparo, inseguridad, confusión, baja autoestima y privación emocional. Estas se arraigan en los primeros meses y años de la vida de los niños, y surgen de unos lazos deficientes, y un afecto y contacto inadecuados en su primera infancia.

Mira hacia los primeros años de vida de tu hijo, incluso desde que aún no había nacido.

¿Lo abrazabas, lo mecías, le hablabas con ternura, o gritabas y demostrabas que el niño te molestaba?

_____

_____

¿Lo consolabas cuando lloraba, o preferías llamarle "malcriado"?

_____

_____

Si hacía algo incorrecto, ¿eras capaz de entender su edad, o sacabas el asunto fuera de proporción?

_____

_____

¡Es tan grande la confianza que Dios tiene en los padres que no podemos dejar de sorprendernos! El hecho de que se le confíe a una pareja la misma vida, la salud y el bienestar de un pequeño ser humano es un gran regalo y un alto honor. Saber que esa pequeña criatura reflejará las características que ellos pongan en ella es una gran responsabilidad. Invertir tiempo y esfuerzo en un niño, y verlo crecer es la mayor fuente de alegría. Padres, su trabajo es fundamental, ¡Nadie les puede sustituir!

No, ningún padre o madre quiere que sus hijos sean una estadística más, pero no basta con desear que no suceda, ni con castigar a los hijos o culpar a los demás. Ni

DEBEMOS SER LA INFLUENCIA MÁS GRANDE EN LA VIDA DE NUESTROS HIJOS.

siquiera basta solo con orar, aunque la oración es importante. Debemos aprender a ser colaboradores de Dios en la etapa de la crianza, siendo la influencia más grande en la vida de nuestros hijos.

El papel de los padres es básico, no solo en la vida de los bebés y niños. Lo es en la etapa escolar y, por supuesto, en la preadolescencia y la adolescencia, que es cuando ellos más necesitan dirección. ¿Cuántos adolescentes llegan del colegio a una casa vacía en la que se deben calentar solos la comida, y luego pasan toda la tarde en compañía de la TV? ¿O salen de paseo con los amigos que, como ellos, no tienen límite alguno ni nadie que les pregunte cómo están o qué les pasó ese día en el colegio?

Los adolescentes que ven a sus padres al levantarse, al regresar de la escuela, y al acostarse tienen mejor salud emocional. Cuando sus padres se involucran en los asuntos escolares y responden a sus necesidades, los jóvenes tienen niveles más altos de autoestima y de dominio propio, y tienden a completar niveles educativos más altos. Aquellos cuyos padres conversan con ellos, demuestran menos conducta antisocial. Si hablan con ellos sobre temas sexuales, los jóvenes tienen una tendencia a la abstinencia.[1]

¿Qué supervisión adulta tienen tus hijos cuando llegan de la escuela? ¿Y cuando llegan de una salida con amigos?

_____

_____

¿Conoces a los amigos de tus hijos?

_____

_____

¿Los recibes en tu casa, en lugar de decirles que se reúnan fuera para que no molesten?

_____

_____

¿Sabes dónde los jóvenes tienen su primera relación sexual? Pues en su propia casa, sin que ningún adulto que se encuentre en ella.[2] En un estudio realizado, el 42% de adolescentes informó que su primer encuentro sexual ocurrió entre las 10 pm y las 7 am, mientras el 28% dijo que había ocurrido entre 6 pm y 10 pm. Más de la mitad de los adolescentes sexualmente activos reportaron haber tenido su primer encuentro sexual en casa de su familia (22%) o en la casa de la familia de su pareja (34 %).

Piensa por un momento. ¿Dónde están los pensamientos de un hombre al final de sus días? ¿A quién llamamos en el momento que recibimos una noticia alegre? ¿La mano de quién tomamos cuando sentimos temor o dolor? ¿Cuál es el abrazo que más nos reconforta? ¿A quién van dirigidas las últimas palabras de un soldado que muere en un campo de batalla? El joven que hizo su primera venta o consiguió el trabajo anhelado, ¿llama a sus padres? ¿Y el niño que participa en una obra teatral de la escuela? Sus ojos están buscando en el público hasta ver a sus padres; entonces siente el apoyo de ellos, y su corazón se inunda de paz. Lamentablemente hoy, en muchas ocasiones, si no en la mayoría de casos, son las amigas o amigos los primeros en saber que una jovencita ha sido violada, o que un muchacho ha probado droga, o cualquier otra cosa que sus padres ni siquiera se imaginan. ¿Por qué? Tal vez tan solo porque no estaban disponibles en ese momento.

¿Estás disponible cuando tus hijos te necesitan, y cuando quieren verte o estar contigo?

_____

_____

¿Eres el primero en saber sus triunfos y sus tropiezos?

_____

_____

¿Sabes dónde está en estos momentos?

_____

_____

¿O sus amigos saben más que tú, porque no estás disponible?

_____

_____

(AÍDA) Si cierro mis ojos casi puedo escuchar unas vocecitas que me dicen "¡hola, ma!" al llegar de la escuela, y luego su conversación acerca de lo acaecido en el día. Aún puedo verlos jugando con sus juguetes cerca de mí, y recordar cómo, de vez en cuando, levantaban la cabeza solo para asegurarse de que su mamá estaba allí, disponible para ellos. Esos son recuerdos que atesoro en mi corazón. Pero he hablado con tantas chicas que han abierto su corazón, y me han confesado llevar una vida sexualmente promiscua, o haber sido abusadas o molestadas por alguien cuando niñas, y cuando les he preguntado si su madre o padre lo saben, dicen que no, que ni siquiera se lo imaginan. ¿O es que no les creyeron? Yo me pregunto: ¿Cómo puede ser que una persona extraña esté más atenta para escuchar sus dolores, necesidades y desafíos que su propia madre?

Cuando tus hijos van a contarte algo, estás disponible para escucharlos? ¿Los dejas hablar sin interrumpirles? ¿Llegas a tus propias conclusiones sin que terminen de hablar? ¿Sigues caminando y los dejas con la palabra en la boca?

_____

_____

¿Tienes siempre la disposición de guiarlos, ayudarlos y protegerlos?

_____

_____

Ser padres es el rol más estratégico y esencial de cualquier sociedad. Cualquier mujer capaz de dar la vida a su hijo merece respeto, pero aquella que está dispuesta a comprometer su tiempo y sus lágrimas, y sacrificarse para darle sentido a la vida de ese hijo, merece ser aplaudida de pie.

Por supuesto que entendemos que cada madre y padre tiene sus propios desafíos y presiones, que surgen de las finanzas o tal vez de una relación sentimental abusiva o negligente. Pero, ¡ellas son las madres! ¡Ellos son los padres! La Biblia dice que el plan de Dios es que los padres provean para los hijos, y no al revés. Los hijos tienen la expectativa de que sus padres sepan cómo enfrentar los problemas de la vida, y los puedan guiar, ayudar y proteger en todo momento. Tenemos una pregunta: Si tú no crías a tus hijos, ¿quién lo hará? Alguien enfocará a tus hijos hacia lugares, hábitos y cosas lejos de tu corazón, y de los cuales tal vez no tengan regreso.

Habrá momentos en que nuestro paso debe ser más lento para ir al ritmo de los niños. Eso fue lo que hizo Jacob cuando regresó a su tierra después de veintiún años fuera.

> Pero Jacob respondió: —Tú mismo puedes ver, mi señor, que algunos de los niños son muy pequeños, y los rebaños y las manadas también tienen sus crías. Si se les hace caminar mucho, aunque fuera un solo día, todos los animales podrían morir. Por favor, mi señor, ve tú primero. Nosotros iremos detrás más lento, a un ritmo que sea cómodo para los animales y para los niños. Nos encontraremos en Seir (Génesis 33:13-14 NTV).

Si no conoces la historia, te animamos a leer el capítulo 33 de Génesis. Allí verás cómo Jacob decide ir más despacio para que los niños puedan seguir su paso.

En ocasiones, tú también deberás ir más lento. Es cierto que tardarás más en graduarte de la universidad, o en tener las cosas materiales que anhelas. Te tomará más tiempo llegar a la meta, pero habrá valido el precio si pudiste mantener junta a tu familia.

Cada caso es diferente y cada familia está expuesta a situaciones distintas, mas para que el corazón de nuestros hijos se vuelva al nuestro, necesitamos estar disponibles para ellos.

Hemos hablado con muchas madres y entiendo su posición: "Es que ahora que estamos jóvenes podemos trabajar más"; "Es ahora que necesitamos el dinero"; "Estudié una carrera y me esforcé, ¿solo para no poder realizarla?"; "En este trabajo puedo ascender y si me retiro ahora, perderé las opciones". Dejar de trabajar o no aceptar una posición con mayor sueldo, pero también con mayor responsabilidad, es una renuncia. Por supuesto que sí. Pero hacerlo también es una renuncia a su labor como madre. No se trata de no crecer como persona; se trata de poner primero lo primero.

Muchos padres y madres trabajan a tiempo y fuera de tiempo, no porque *tienen* que hacerlo, sino porque desean mejorar el estatus de vida de la familia, y eso no está mal necesariamente. La pregunta es a qué costo. Cuando pienses que esa es tu única opción porque necesitas más dinero, haz algunas cuentas. El costo de la persona que cuidará a tu hijo o hija, sea una guardería, una empleada o un pariente; el costo de tu transporte hasta el trabajo; la ropa que necesitas comprarte para salir de casa al trabajo todos los días. Suma, resta, y piensa si vale la pena dejar a tus hijos todo el día por esa suma de dinero.

Ese ejercicio financiero lo han hecho ya muchas madres que decidieron quedarse en casa criando a sus hijos. El Negociado del Censo en los Estados Unidos[3] encontró que el costo del cuido diurno de los niños subió más de 20% desde el 1985 al 2011.Para las familias, ese gasto representa el 7.2% de sus ingresos, y junto a otros gastos de trabajar fuera del hogar, no vale la pena dejar a los hijos cuidando para trabajar. El impacto no es solo para quienes tienen ingresos bajos. Las mujeres con ingresos altos, cuando suman los impuestos a los gastos de cuido, pierden el incentivo, y deciden cuidar a sus hijos. Muchas mujeres crean negocios que operan desde su hogar; otras estudian en la Internet.

Es preciso hacer un examen intenso de las opciones que tienen, para decidir si continúan trabajando o no cuando tienen niños pequeños, o si siguen sus estudios, y por supuesto, quién estará a cargo de los niños en esos momentos. Todas estas cosas merecen un análisis estudiando las opciones, buscando en oración la voluntad de Dios, y pensando con detenimiento en cada una de las alternativas que tenemos. Así mismo cuando tenemos hijos adolescentes, es necesario ponerse en oración para encontrar las estrategias para mantener su corazón unido al nuestro, saber qué podemos hacer por ellos, y pedir al Espíritu Santo que nos muestre nuestras motivaciones más profundas de nuestro corazón.

Los que anhelan ser ricos, a veces hacen cualquier cosa por lograr-
lo sin darse cuenta de que ello puede dañarlos… el amor al dinero
es la raíz de todos los males (1 Timoteo 6: 9-10 LBAD)

Salomón descubre las motivaciones internas cuando menciona que el
móvil principal de dejar a los hijos, en muchos casos, tiene que ver con
la envidia, los celos, y las comparaciones. Le pido que se analice con
franqueza en relación con lo que dice Eclesiastés 4:4-8 (LBAD).

Vi también que el móvil principal del éxito es el impulso de la
envidia y los celos…también observé en la tierra otra locura: el
caso del hombre solitario, sin hijos ni hermanos y que trabaja
arduamente para seguir acumulando riquezas. No se pregunta a
quien le quedará todo. ¿Y por qué renuncia a tanto ahora? Todo
esto es tan sin sentido y deprimente.

Esto me hizo pensar en algo. ¿Por qué ocurre la mayoría de los conflictos en las familias? Por envidia, celos y dinero. Es por eso que la mayoría de los padres y las madres no tienen tiempo para los hijos, porque
sus prioridades están alteradas. No es el dinero lo más importante de
todo; tampoco el trabajo debe serlo. Es la familia.

¿Te has dado cuenta de lo rápido que pasa el tiempo? En un minuto
aquel niñito o niñita crecerá, se volverá más independiente, y pronto,
muy pronto, estará fuera del hogar. Por eso si tenemos la paciencia
suficiente para dedicar nuestros mejores años a los años más importantes de nuestros hijos, la cosecha será abundante. La dedicación es
fundamental para lograr el éxito en cualquier tarea, no se diga en la
más importante de todas.

"Haz bien todo lo que emprendas…" (Eclesiastés 9:10 LBAD). Cualquier cosa en la que quieras tener éxito necesita de tu dedicación. En el
caso de la familia, los padres y las madres que quieren triunfar deben
dedicarse a esa tarea: formar parte del mundo de su hijo, romper las
barreras del prejuicio, del lenguaje, entrar en su mundo. Un padre que
se convierte a su hijo es alguien que está más allá de los prejuicios. Es
alguien que se involucra, que se sumerge, que se introduce en el mundo

y en la realidad de su propio hijo. El entender lo que pasa por la mente de nuestros hijos, conocer a sus amigos, saber que les gusta y qué no, son señales de aproximación. Para criar hijos emocionalmente sanos, se necesita dedicación y tiempo.

(JIMMY) El tiempo es el recurso más valioso que tenemos, y a nadie le sobra. La administración del tiempo es fundamental para ganar el corazón de nuestros hijos, por tanto, es preciso tomar decisiones para "hacer" tiempo con ellos. ¿Cómo olvidar aquel día en que fuimos tres padres con nuestros tres hijos adolescentes a acampar en la montaña? Fuimos a caballo hasta un punto determinado, y cada uno armó allí una carpa para dormir con su hijo o hija. Luego de hacer la fogata y cenar, fuimos a acostarnos. Verónica fue conmigo. Un poco más tarde nos despertamos y al prender nuestras linternas, nos pegamos un gran susto, pues vimos un alacrán en la carpa. ¡Qué susto nos dimos! No lo olvidaré nunca.

Tampoco olvidaré el día en que fuimos a pescar con Verónica, y ella caminando detrás de mí empezó a hundirse en un pantano del cual no podía salir. Me acosté en el pantano, e hice que ella pisara sobre mí hasta que pudiera salir. No, yo no lo olvidaré, y creo que ella tampoco. Pero estoy seguro que más que el recuerdo exacto de cómo sucedieron las cosas, ha quedado en su corazón el cómo se sintieron las cosas. El amor de padre, el cuidado y el afecto que sintió ha apegado su corazón al mío.

Recuerdo también el día en que "Arnulfo" llegó a la casa. Era un *husky* siberiano bello. Verónica lo amó desde el primer momento. A ella siempre le gustaron los perros. Luego llegó "Natasha", la pareja de Arnulfo. Poco a poco fueron llegando más cachorros. Verónica disfrutaba de los perros, así que empezamos a sacarlos a exhibiciones y concursos. Luego llegaron los pastores alemanes. En un momento determinado teníamos cerca de treinta perros en casa. ¿Lo puede usted creer? ¡Era una locura! Sin embargo, el tiempo que pasamos juntos Verónica y yo entrenando a los perros para sus concursos y presentándolos fue maravilloso.

Por supuesto que llegó el día en que a Verónica le empezaron a gustar más los chicos que los perros. Entonces nos deshicimos de la mayoría de ellos, quedándonos con la pareja inicial: Arnulfo y Natasha. Pero el lazo que unió el corazón de mi hija con el mío permanece.

Claro que no siempre actué bien porque como dijimos, en ese entonces no comprendía bien la transición. De pronto quería abrazar a Verónica, y ella no quería que la tocaran. "Papá, no me toques el pelo", "Papá, no me abraces," me decía en un momento, y luego, en otro y sin previo aviso, venía a sentarse en mis piernas mientras yo veía la televisión. Mi reacción inmediata era decirle que se fuera, que ahora era yo el que no quería que me tocara. ¿Te parece infantil? Pues sí, lo

LA PALABRA CLAVE ES DISPONIBILIDAD. SI TÚ NO ESTÁS DISPONIBLE, ALGUIEN LO ESTARÁ.

era. Entonces Aída hablaba conmigo, y me decía que yo debía estar disponible para cuando ella quisiera hablar, para cuando ella quisiera un abrazo, y no al revés. La palabra clave es disponibilidad. Si tú no estás disponible, alguien lo estará.

Es preciso entender el evangelio en su totalidad. El mismo Señor que nos hizo bellas promesas en relación a nuestra casa y a los hijos, el que nos invita a ir a su lado cuando estemos cansados y cargados para que nos dé descanso, también mencionó que es preciso negarnos, y morir a nosotros mismos.

El que quiera ser mi discípulo, olvídese de sí mismo, cargue con su cruz y sígame. Porque el que quiera salvar su vida, la perderá; en cambio, el que pierda su vida por causa mía, la recobrará. ¿De qué sirve al hombre ganar el mundo entero, si pierde la vida? ¿O cuánto podrá pagar el hombre por su vida? (Mateo 16:24-26 LBAD)

Vamos a parafrasear un poquito este verso, y a hacer la pregunta desde otro punto de vista: ¿De qué sirve al hombre, o a la mujer, ganar el mundo entero, si pierde a sus hijos? ¿O cuánto podrá pagar por la vida eterna de sus hijos? Es hora de ceder tus gustos y derechos por el bienestar de aquellos que son su responsabilidad. Los padres deben ser los "tejedores" que entrelazan todos los distintos hilos del hogar, para hacer con ellos una trama hermosa y acabada. ¡Esta sí es una carrera provechosa, y de efectos eternos!

La paciencia es requisito esencial para educar a los hijos.

> *Por lo tanto, como escogidos de Dios, santos y amados, revístanse de afecto entrañable y de bondad, humildad, amabilidad y paciencia, de modo que se toleren unos a otros y se perdonen si alguno tiene queja contra otro. Así como el Señor los perdonó, perdonen también ustedes. Por encima de todo, vístanse de amor, que es el vínculo perfecto.* (Colosenses 3:12-14 NVI).

LA PACIENCIA ES REQUISITO ESENCIAL PARA EDUCAR A LOS HIJOS.

Esperar es una parte de todas nuestras relaciones. Pero una cosa es esperar a que alguien haga algo, y otra es esperar a que alguien crezca, cambie, o tome una decisión. Sin embargo, debemos esperar pacientes en Dios. El Salmo 40:1 (NTV) dice: "*Con paciencia esperé que el Señor me ayudara, y él se fijó en mí y oyó mi clamor*". Sé paciente, y espera en Él.

¿Eres una persona paciente? Evalúate entre estas tres alternativas:

_____

_____

¿Eres naturalmente paciente, o naturalmente impaciente?

_____

_____

¿Te consideras paciente, pero cualquier cosa te impacienta?

_____

_____

¿Eres tan paciente, que es sumamente difícil que pierdas la paciencia?

_____

_____

¿Qué piensan tus hijos sobre tu paciencia?

_____

_____

Recuerda y narra un incidente reciente con tus hijos, que hable sobre tu paciencia.

_____

_____

Si la gran crisis de nuestros jóvenes es la ausencia de padres en el hogar, aún estamos a tiempo de cambiar el futuro de nuestros hijos y nietos. Hazlo por el Señor, por ellos y por ti. Piensa y empieza a hacer planes.

¿Cuáles son las cosas que como padre puedes hacer para marcar una gran diferencia con tus hijos? Toma un lápiz, y anota aquí mismo las ideas que vienen a tu cabeza. Planifica, y aparta tiempo para llevarlas a cabo.

_____

_____

_____

_____

_____

_____

_____

_____

_____

_____

_____
_____
_____
_____
_____
_____
_____
_____
_____
_____
_____
_____
_____
_____
_____
_____
_____
_____
_____
_____
_____
_____
_____
_____
_____
_____
_____
_____
_____
_____

10

Una FE *no* FINGIDA

Trayendo a la memoria la fe no fingida que hay en ti, la cual habitó
primero en tu abuela Loida, y en tu madre Eunice, y estoy seguro que
en ti también. Por lo cual te aconsejo que avives el fuego del don de Dios
que está en ti por la imposición de mis manos (2 Timoteo 1: 5-6).

Timoteo nació en Listra de madre judía y padre griego (Vea Hechos 16:1; 2 Timoteo 1:5). Su abuela Loida era cristiana y su madre, Eunice, también. No se nos menciona acerca de su padre. A pesar de la ausencia de este, su abuela Loida y su hija Eunice no se dieron por vencidas en dejarle un buen legado espiritual a Timoteo. La palabra griega que se utiliza en este versículo agrega la idea de una fe sincera, no disimulada, no aparente.

Al vivir esa fe sin fingimiento nos hacemos acreedores a una de las promesas más hermosas de la Biblia. Está en el Salmo 112:1 (NTV):

¡Alabado sea el Señor! ¡Qué felices son los que temen al Señor y
se deleitan en obedecer sus mandatos! Sus hijos tendrán éxito en
todas partes; toda una generación de justos será bendecida.

Hay una herencia eterna que desde muy temprano estas dos mujeres sembraron como legado en la vida de Timoteo. Ellas en casa vivieron su fe de manera sincera. Eso ganó el corazón del joven Timoteo para Dios y para ellas. Ambas mostraron a Timoteo con su estilo de vida lo que es una fe real; una fe que fue puesta en alto sobre la mesa, y no oculta bajo un almud, que brilló de tal manera que todos pudieron verla, no solo Timoteo, sino Pablo también. Timoteo vivió una fe sin fingimiento porque la vio en su abuela y en su madre. La fe que tenían su madre y su abuela era una fe real. Cuando venían momentos difíciles y de prueba, veía cómo su madre y su abuela dependían de Dios. Ellas le enseñaron las escrituras. Ellas no eran cristianos de domingos solamente, sino que vivían por fe diariamente. Timoteo era testigo de ello.

Nadie da lo que no tiene. La perspectiva inicial de tu hijo en cuanto a la vida cristiana será resultado del ejemplo que tú le des.

> *Y estas palabras que yo te mando hoy, estarán sobre tu corazón;*
> *y las repetirás a tus hijos, y hablarás de ellas estando en tu casa,*
> *y andando por el camino, y al acostarte, y cuando te levantes*
> (Deuteronomio 6:6-7).

En este pasaje hay dos términos que son fundamentales para una educación paterna auténtica. Uno es repetir (esto es algo formal y estructurado). El otro es hablar (esto es informal). Un buen padre o una buena madre usan ambos tipos de instrucción, ya que se dan cuenta de que los tiempos informales que se pasan juntos son situaciones de aprendizaje. Sin embargo, el aprendizaje principal viene por el ejemplo.

Es preciso reconocer su presencia y su gobierno en todo momento. Si Cristo está en el centro de tu vida, tú puedes ayudar a tu hijo a empezar a enfocar su vida en Él.

Tu hijo no deja de tener una relación con Cristo porque un amigo en la iglesia lo trató mal, o porque los pastores no son los mejores, o porque el programa infantil o de jóvenes no son lo mejor. Tu ejemplo es realmente lo más importante de todo. Tus palabras y tu existencia deben dar testimonio claro de que Jesucristo es el Señor de tu vida.

(JIMMY) Yo puedo identificarme con Timoteo. Fui criado por una madre sola y con la gran influencia de una abuela, a las que vi vivir de manera consistente dentro de nuestra casa esa fe que proclamaban en las calles.

Mi madre era una joven mujer que pensó que a través de la firmeza y la disciplina podría criar hijos de bien. Mas no todos los hijos son iguales, y lo que resultó con mis hermanos, logró que mi corazón se endureciera y alejara de ella. Hasta ahora creo que los padres rígidos, lejos de acercar a sus hijos, los alejan de su corazón. Es como un jabón al que aplastas con fuerza. Mientras más fuerte lo aplastas, más lejos se irá.

Habiendo nacido en un hogar cristiano, me aparté de los caminos del Señor cuando tenía quince años. Mi corazón se alejó de Dios y de mi mamá. ¿En qué momento pasó eso? ¿Cuál fue la causa concreta? No lo podría decir. Lo que sé es que llegó un momento en el que mi corazón se endureció. Me volví violento, en ocasiones intolerante y autosuficiente. Y con humildad debo reconocer que hasta el día de hoy debo luchar contra esas emociones.

LOS PADRES RÍGIDOS, LEJOS DE ACERCAR A SUS HIJOS, LOS ALEJAN DE SU CORAZÓN.

Ya como adolescentes, mis hermanos y yo tomamos la decisión de no ir más a la iglesia. Al alejarme de la iglesia me introduje en un mundo en que los amigos y la fiesta eran mi vida. Así pasó mi adolescencia, y me convertí en la "oveja negra" de la familia. Cometí muchas imprudencias poniendo aun en riesgo mi vida, pero en lo profundo de mi corazón tenía la certeza de que nada me iba a pasar, porque sabía que mi madre y mi abuela oraban por mí.

Aída y yo nos casamos, y mi trabajo me obligaba a estar fuera de casa mucho tiempo. Como me gustaba la fiesta y la bebida, llegué a convertirme en alcohólico. Aún recuerdo las noches que manejaba borracho mi carro, y las súplicas de Aída para que le permitiera manejar a ella. Mi respuesta era muy cínica: "No te preocupes, nada me pasará, porque mi madre y mi abuela oran por mí".

A pesar de mi rebeldía, de joven y aún de adulto, mi fe descansaba en una certeza: mi madre y mi abuela oran por mí. ¿Cómo dudar de su oración y su fe en Dios si las había visto orar cada día? Su estilo de vida reflejaba su fe.

La abuela era una evangelista formidable. Ella predicaba en las calles, en los buses y en las cárceles. Cuando pasaron los años y ella ya estaba viejita, se realizó un agasajo para ella. Allí muchos hombres y mujeres se levantaron a dar su testimonio de cómo la abuela les había predicado, y de las sanidades que Dios había hecho por medio de la abuela. Muchos de ellos eran pastores en diversos lugares.

No me sorprendí de eso, porque aunque nunca vi a la abuela predicar en las cárceles, ni en la calle, siempre supe que lo hacía. ¿Sabe por qué? Porque ella me hablaba de eso mientras me hacía sellar con la dirección de la iglesia los tratados que compraba ¿Cómo olvidar los tratados evangelísticos de la abuela, si su casa y las grandes carteras que usaba siempre estaban llenas de ellos?

A veces pensábamos que la abuela estaba loca. Cuando llegábamos de visita a su casa y golpeábamos la puerta, podíamos escuchar el sonido de sus zapatillas mientras venía. Era un sonido especial porque venía cantando y danzando. Luego abría la puerta de par en par, y con una gran sonrisa nos invitaba a pasar. Nosotros entrábamos, y nos quedábamos parados detrás de ella. Entonces la abuela sostenía una lucha imaginaria con satanás: "Tú no, Satanás", decía, "tú te quedas afuera". Y levantaba sus piernas para patear al diablo. Nosotros nos reíamos, pero la imagen quedó guardada en nuestro corazón. ¿Cree usted que un niño de siete años puede olvidarse de eso? ¡Nunca! La abuela vivía en casa igual que en la iglesia.

Su casa estaba llena de cuadros y versículos. A mí me impactó el que tenía sobre su piano. En él se veía un camino ancho, y uno angosto. En el camino ancho había dibujadas cantinas, botellas de alcohol y mujeres. Hasta una televisión estaba en ese camino. En el camino angosto iba el cristiano despojándose de la carga que llevaba sobre sus hombros. Yo le preguntaba: "¿Qué significa esto, abuela?". Y ella me hablaba del camino ancho que lleva a la perdición. Jamás rehusó hablarme de la Palabra de Dios porque estaba ocupada. No solo era una evangelista dedicada en las calles, también lo era en casa, y con los suyos.

En las noches me gustaba dormir en su cuarto porque yo era un niño muy nervioso, pero la abuela me daba paz. Yo la veía arrodillarse para orar, y amanecer orando. Su tiempo de oración era extraordinario. ¿Quién podía dudar de su fe?

Para ganar a tus hijos, ellos deben reconocer la sinceridad de su fe. Los niños tienen procesadores de computadora en la cabeza que registran todo lo que ven y oyen. Timoteo había visto la fe de su madre y su abuela, como una fe real. Timoteo la vivió en casa de la misma manera que yo vi la fe sincera de mi madre y mi abuela. Cuando venían momentos difíciles y de prueba, seguramente Timoteo las vio confiar en Dios, como yo las vi depender de Dios. Ellas no eran cristianos de domingos solamente, sino que vivían por fe diariamente. Observe que a causa de la fe de Timoteo *"... daban buen testimonio de él los hermanos que estaban en Listra y en Iconio"*(Hechos 16:2). El apóstol Pablo decía que cuando venía la prueba, todos buscaban lo suyo excepto Timoteo, quien era fiel. ¿Dónde aprendió de esa fidelidad?

A los jóvenes no les impresionan tus sermones. La niñez y la juventud censuran constantemente nuestro fracaso de asemejarnos a Dios. De hecho, creo que la ma-

PARA GANAR A TUS HIJOS, ELLOS DEBEN RECONOCER LA SINCERIDAD DE TU FE.

yoría de ellos se alejan de la casa hastiados de ver la hipocresía de sus padres en relación a su fidelidad con Dios, con su familia y la iglesia. Lo que ellos quieren es ver tu fe. En cada hogar, los niños son el reflejo de Dios que nos recuerda lo que significa ser un cristiano verdadero. Su fe, alegría, simplicidad y confianza nos dicen cómo debe creer un hijo de Dios.

Si en tu casa les das una causa, un propósito de vida mostrando una fe real, ten por seguro que aunque se aparten, regresarán.

Es que cuando los hombres no ven un futuro adelante, vuelven al pasado. Por eso el pueblo de Israel que no lograba ver la tierra prometida, anhelaba regresar a la esclavitud de Egipto. Yo puedo hablar de mi propia experiencia. El día en que mi futuro parecía incierto, regresé a mi pasado. Y ¿cuál era el pasado que recordaba? El de la fe no fingida de mi madre y mi abuela, quienes vivieron con integridad su fe dentro de casa.

Las preguntas que debemos hacerte entonces son:

¿Cómo es la fe que practicas en tu casa?

_____

_____

¿Cuál es la fe que ve tu hijo en ti?

_____

_____

¿Son tus hijos testigos de que vives por fe en momentos difíciles?

_____

_____

¿Es Cristo realmente el centro de tu vida? ¿Tus hijos pueden observarte dependiendo de Él en cada circunstancia? ¿Te escuchan clamar cuando tienes un problema, o te escuchan maldecir o dudar?

_____

_____

Al manejar por el campo, habla con ellos en cuanto a la hermosura de la creación de Dios. Cuando veas a personas necesitadas, habla de las maneras en que puedes ayudarles como Jesús ayudaba a otros. Una familia sana es una familia donde Cristo está en el centro. Por ello la fe es indispensable para criar hijos sanos. Así como los planetas giran en torno al sol, una familia debe girar en torno a Cristo. La parte más importante de este proceso es asegurarse que Cristo esté en el centro de tu propia vida personal como padre o madre de familia.

Existe una profunda necesidad hoy en día para los hombres y mujeres jóvenes de "ver" en acción la fe sincera, genuina y franca. Para decirlo más claramente, necesitan ver "la fe auténtica", es decir, la fe que controla cada parte de la vida. En la adolescencia los hijos pueden renegar de la fe de sus padres. Pero si tú perseveras siendo íntegro y constante en tu creencia, ellos te respetarán.

Aún puedo recordar a mi madre separando el dinero que recibía como su ingreso. Lo ponía en diversos sobres. El primero de todos siempre era el del diezmo, luego iba el del arriendo, del colegio, del pan, de la leche y la comida. Esa es una imagen que tengo grabada en mi memoria. Ella siempre fue fiel en el diezmo, y así nos enseñó a nosotros.

Otra cosa fundamental que hicieron la abuela Loida y la madre de Timoteo fue enseñar las Escrituras desde niño. Estas le dieron sabiduría para que él conociese por la fe en Jesucristo el camino de la salvación:

> *Y que desde la niñez has sabido las Sagradas Escrituras, las cuales te pueden hacer sabio para la salvación por la fe que es en Cristo Jesús* (2 Timoteo 3:15).

Eso era lo que la abuela hacía con nosotros cuando nos explicaba los cuadros que tenía en casa. Debemos instruir al niño desde temprano con la Palabra de Dios: "Instruye al niño en su camino, *Y aun cuando fuere viejo no se apartará de él*" (Proverbios 22:6).

Tu fe se demuestra también en la perseverancia de la oración. Aún cuando tu hijo o hija parezca no servir al Señor, no bajes los brazos en la batalla, no tires la toalla acostumbrándote a ver a tus hijos atados a vicios y pecados, solo "porque todos lo hacen".

Cuando Moisés se enfrentó al faraón para liberar a Israel, el faraón le propuso dejar ir solo a los adultos, pero que los chicos se quedaran en Egipto (Ver Éxodo 10:10). Él sabe que los jóvenes tienen un potencial enorme. Ellos son la dinamita que debe mover la iglesia. El diablo quiere que nosotros los padres salgamos de la esclavitud, pero que nos conformemos con perder a nuestros hijos. Pero Dios nos ha llamado como familias, y al igual que Moisés, debemos seguir insistiendo, y lograremos la libertad no solo de los adultos, sino de los hijos de esta generación esclavizados por el enemigo.

Yo estoy convencido que la raíz de la bendición sobre mi vida está en la oración de mi madre y de mi abuela. Yo no era mejor que nadie, alejado de Dios caí en cosas muy bajas, pero la misericordia de Dios me alcanzó. Tengo la certeza de que las oraciones de mi mamá y mi abuela fueron la clave. La fe no fingida de mi abuela y de mi madre lograron que mi corazón se volviera hacia Dios, y por tanto, hacia mi familia. La abuela nunca me condenó. Pienso que ella vio por fe el llamado en mi interior. La fe no fingida de mi madre oró cada día por mí durante 17 años, hasta que regresé al Señor.

Creo en las promesas de Dios escritas en el Salmo 112 respecto a los hijos de aquellos que temen al Señor, por tanto, no soy una excepción. Esa es una palabra para cada madre, para cada familia, para cada hombre o mujer que se deleite en obedecer los mandatos del Señor viviendo de manera auténtica en su casa, y no desmaya en la oración por los suyos, porque el brazo del Señor aún no se ha acortado para salvar (Vea Isaías 59:1).

La bendición sobre mi vida tiene que ver con el legado de fe que recibí de mi madre y de mi abuela. Verlas vivir su fe me hizo regresar a los caminos de Dios cuando parecía que no tenía futuro. Si sirvió conmigo, de seguro servirá con tus hijos.

TODO COMIENZA CON VIVIR LA FE REAL EN CASA, GUARDANDO SU PACTO, Y OBEDECIENDO SU PALABRA.

Todo comienza con vivir la fe real en casa, guardando su pacto, y obedeciendo tu Palabra. Entonces tus hijos verán una fe sincera, y Dios honrará tu vida derramando sobre ellos bendición y vida eterna que tocará a tus hijos y a tus nietos. Ellos siempre sentirán en sus vidas la influencia de la misericordia y la justicia de Dios.

Mas la misericordia de Jehová es desde la eternidad y hasta la eternidad sobre los que le temen, Y su justicia sobre los hijos de los hijos (Salmo 103:17-18).

Propónte hoy caminar en el sendero del Señor, con el deseo de amarle y ser ejemplo para las generaciones que vienes detrás de ti.

11

El PODER *de* *la* MEMORIA

¡Qué maravilloso y complicado es el cerebro humano! ¡Cuántas funciones tiene! Una de ellas es la memoria. La memoria es la función del cerebro que recopila, guarda y almacena los recuerdos. Es el disco duro, el archivo de nuestra mente. No siempre recordamos todas las cosas en todo momento, pero la cosa es que allí, en la memoria, está guardada toda la información de lo que hemos vivido y sentido. Y los recuerdos son fundamentales en las relaciones con los hijos. Para explicarnos mejor, le pedimos que recuerde otra vez la parábola del hijo pródigo en Lucas 15: 11-24. El versículo 24 lee: *"porque este mi hijo, muerto era y ha revivido, se había perdido y es hallado"*.

Hay tantas enseñanzas en este pasaje, que lo podríamos analizar de mil maneras diferentes. Pero hoy nos enfocaremos en algo. El padre tenía dos hijos, el menor pide su herencia, y se fue de la casa. La impaciencia del muchacho lo llevó a un viaje del que costaría mucho regresar. ¿Sabía él a dónde le llevaría ese viaje? ¿Tenía alguna idea sobre el tiempo que tardaría en regresar, y la forma como lo haría? ¿Pensó el precio que pagaría por su decisión? ¿Qué pensó el Padre de la decisión de su hijo? Respondamos a estas preguntas.

Creo que el hijo no sabía cuán lejos iba a llegar. De seguro que no tenía idea del costo que debería pagar por su impaciencia. Él no sabía cuando pidió la herencia que iba a irse tan lejos, y mucho menos que perdería todo lo que tenía. Porque el pecado te lleva más lejos de donde deseas llegar, te toma más tiempo del que pensabas, y te cuesta más de lo que puedes pagar. Una mentira lleva a otra, y un robo pequeño a otro mayor. Un primer trago lleva a un segundo, y este a un tercero. Una sonrisa lleva a un halago, este a un beso, y la mujer o el hombre que jamás pensaron en ser infieles, están en la cama de otra persona que no es su esposo o esposa. Eso es lo que pasa en muchos casos. "Los hombres pagan el precio más alto por la vida más baja", dijo Edwin Cole.

> ## EL PECADO TE LLEVA MÁS LEJOS DE DONDE DESEAS LLEGAR, TE TOMA MÁS TIEMPO DEL QUE PENSABAS, Y TE CUESTA MÁS DE LO QUE PUEDES PAGAR.

En la parábola, de pronto, estando en la más baja condición, el hijo vuelve en sí, y recuerda la casa del padre. Tiene una memoria, un recuerdo guardado en su interior que aparece de pronto.

> *Y volviendo en sí, dijo: ¡Cuántos jornaleros en casa de mi padre tienen abundancia de pan, y yo aquí perezco de hambre! Me levantaré e iré a mi padre, y le diré: Padre, he pecado contra el cielo y contra ti. Ya no soy digno de ser llamado tu hijo; hazme como a uno de tus jornaleros (Lucas 15: 17-19).*

¿Qué recuerda de la casa y del carácter del Padre?

En primer lugar recuerda que su padre tiene una casa, y que está allí. Al saber que el padre está en la casa, el joven sabe a dónde debe volver. El hijo no tenía temor de que tal vez papá no estaba en casa. Su padre era una persona estable, y eso le daba seguridad a su hijo. El hijo tenía la certeza de que su padre estaría en la casa, y de que allí encontraría la satisfacción de sus necesidades.

Estabilidad es uno de los más importantes recuerdos que debemos sembrar en la memoria de nuestros hijos. Tener la certeza de que el padre está allí y de que su carácter seguía siendo el mismo, fue fundamental para que el hijo volviera.

Si hablamos de traer de vuelta a casa a aquellos hijos que se han alejado, de ganar nuevamente su corazón, debemos tomar en cuenta la firmeza de nuestra casa. Ellos no volverán a una familia inestable, a una
casa en ruinas, a un padre o una madre que un día piensan, planean
y sienten una cosa, y al día siguiente hacen y dicen otra. Ellos deben
poder confiar en su criterio y su estabilidad.

Es lamentable, pero muchos niños, quizás demasiados, se acuestan
cada noche pensando si al levantarse papá estará allí al día siguiente.
¿Cómo podrían volver si se van? No solamente es el hecho de tener un
lugar; también ellos deben saber cómo reaccionarán sus padres cuando
ellos vuelvan. Quisiéramos trasladarle la pregunta a su realidad.

En tu familia, ¿hay estabilidad?

_____

_____

¿Te consideras una persona estable, consistente?

_____

_____

**En cuanto a valores, creencias y acciones hacia tus hijos, ¿sostie-
nes lo mismo siempre, o cambias tus reacciones tanto, que nunca se
sabe cómo vas a reaccionar?**

_____

_____

Los hijos necesitan estabilidad; estar seguros de que pase lo que pase,
sus padres estarán allí para ellos. Ese es un compromiso que no siempre es fácil de cumplir.

Mientras reflexionamos sobre esto, el Espíritu Santo puso en nuestro
corazón un sentimiento de dolor y angustia, tal como el que sienten
aquellos padres y madres que aman a pesar de que sus hijos no apre-
cien su labor; y de lo difícil que es amar, dar tiempo y dedicación a
aquellos que nos ofenden con su actitud, y su estilo de vida contradice

nuestra fe, sobre todo en la adolescencia. No cabe duda que su dolor es profundo y agudo.

Es agotador tener amor por una persona que ofende con su actitud en lo más profundo, o que contradice los ideales que nosotros podamos tener. La clave es mostrar un amor incondicional a pesar de, sin ser condescendientes con su pecado, pero mostrándoles el amor de Dios que aborrece al pecado, pero ama al pecador. Mostrarle ese amor y aceptación puede ser la clave para su cambio, sin embargo, debemos también mostrar firmeza.

Desde el comienzo de su vida, el bebé aún en el vientre de su madre necesita sentirse amado. El recién nacido necesita de amor para desarrollarse. Privado de amor, aunque esté bien alimentado, está triste, y se enferma con facilidad. En la niñez y en la adolescencia el amor incondicional de sus padres es el que los sostiene en medio de la presión de la sociedad. El hijo o la hija jóvenes que empiezan a dar sus primeros pasos en un nuevo hogar, siguen necesitando del amor y el sabio consejo de una madre.

Al mencionar la palabra amor, somos conscientes de que no todos entendemos lo mismo. Por ello es preciso conocer cuál es el amor al que la Biblia se refiere, y cómo se practica. Amor es una palabra a la que únicamente en el cristianismo encontramos sentido, pues podemos conocer el amor de Dios. Ese amor tiene la capacidad de dar, y mantenerse dando sin esperar nada a cambio. Este es el amor que impulsó a Cristo a venir a este mundo. Este es un amor de acción, no de emoción. No depende de los sentimientos; se concentra en lo que dice y hace, y no en lo que siente.

SI SEGUIMOS HACIENDO EL BIEN, LO COSECHAREMOS EN EL DEBIDO TIEMPO.

Hay ocasiones en las que con mucho dolor las madres y los padres ven cómo sus hijos se apartan, se alejan, y aun se pelean unos con otros, de tal manera que pareciera que en lugar de estar criando hermanos, se crían rivales. No es fácil, y nadie nos ha garantizado una paternidad o maternidad libre de dolor y sufrimiento. Criar hijos es difícil, y cuesta la vida. Pero lo que sí nos garantiza la Palabra es que si seguimos haciendo el bien, lo cosecharemos en el debido tiempo, pues nuestros hijos podrán apartarse de nosotros o de nuestro cuidado y amor, pero no pueden ir tan lejos que Dios no los pueda alcanzar. Gálatas 6:9 dice: *"No nos cansemos, pues, de hacer bien; porque a su tiempo segaremos, si no desmayamos".*

Así que esa es la segunda cosa que el hijo recuerda. Él sabe que en la casa del padre hay provisión. ¿Qué tenía el hijo pródigo cuando pensó en la casa del padre? ¡Hambre! Entonces recordó que en la casa de su padre siempre tenía alimento para él y los empleados.

Los padres debemos proveer de todo lo bueno a nuestros hijos. Los niños llegan al mundo sin recursos. Todos nacemos débiles, desnudos, frágiles, necesitados de protección, alimentación y abrigo. ¿Quiénes son los primeros responsables por ellos? Papá y Mamá, por supuesto. El Padre Dios es nuestro modelo de todo lo que un padre debe ser. ¡Fíjate entonces cómo el Padre provee en abundancia para sus hijos! El amor de Dios se muestra a través de su provisión.

La raza humana es el ser viviente que más necesita cuidado y protección, y por un período más largo. La niñez es frágil, y debemos cuidarla y protegerla. Cuando hablamos de provisión no estamos hablando únicamente de dinero, que es importante, pero es necesario también dar seguridad, identidad, alegría, gozo, unidad. Llegará un momento en que el hijo que se aparta, el corazón que se aleja recordará lo que sus padres le daban. Ellos recordarán la sensación de seguridad, de saciedad, de identidad, unidad y gozo que había en la casa del padre, o recordarán el desprecio, la ira, el enojo y el maltrato. Todo depende de lo que tú hayas sembrado en el corazón de tus hijos.

¿Cómo y por qué volvió el hijo a la casa del padre? Jesús dice que volvió cabizbajo, dispuesto a pedir perdón. Nos parece que él tenía la certeza de que en la casa del Padre encontraría aceptación y perdón. Muchos hijos no tienen esa certeza. Muchos quieren regresar, buscar a sus padres, pero temen la reacción de ellos.

¿Recibirías en tu hogar a un hijo que regresa?

_____

_____

¿Lo recibirías con amor, o llenándolo de reproches? ¿O lo rechaza-rías de plano?

_____

_____

¿Te consideras capaz de darle a tu hijo amor incondicional como el amor que el Padre nos da? ¿O tu orgullo y tu soberbia podrán más que el amor a su hijo?

_____

_____

Este libro está escrito desde la posición de los padres que anhelan ser parte del mundo de sus hijos. Aman a sus hijos y desean verlos regresar, pero los hijos no siempre tienen la certeza de poder hacerlo. Si durante la infancia tú no mostraste una actitud perdonadora y un corazón misericordioso, tu hijo no sabrá cómo volver. Puedes desearlo, pero muchas veces el temor a la desilusión y al rechazo es más grande que la decisión de regresar.

Ellos no pueden suponer o sobrentender que ustedes los perdonarán; es preciso que tengan la certeza de ello. Por eso es preciso que ustedes les digan a sus hijos con toda claridad que su amor es incondicional; que el perdón es su primer recurso. Si tienen esa certeza, les será más fácil volver.

Muchos hogares no muestran el corazón del padre que se alegra de que su hijo haya decidido regresar. ¡Él no quiere castigarlo! ¡Está tan contento de verlo volver a casa! Probablemente no es esa nuestra reacción cuando un hijo que se ha alejado quiere volver. Lo primero que pensamos es en el sermón que le daremos. Le diríamos que nos alegra de que le haya ido mal para que aprenda la enseñanza; le recordaríamos que le habíamos advertido que estaba equivocado.

¿Por cuáles otras razones que a veces ni notamos, perdemos el corazón de nuestros hijos? El estrés, la falta de tiempo, la violencia, la incomprensión, los problemas de salud o la tensión económica convierten nuestras casas en lugares que son poco atractivos para sus miembros. Muchos cristianos creen que a Dios solo se agrada haciendo arduo trabajo para Él, o que lo complacemos cuando vivimos en sufrimiento; que debemos vivir amargados y tristes para ser santos. Y eso reflejamos en nuestros hogares. Entonces, en lugar de volver, los hijos quieren irse. Cada uno escapa por su lado, y la casa se desmorona.

En esta parábola, es el padre quien tiene la idea de hacer la fiesta; él quiere celebrar con su hijo. El padre nos da ejemplo al preparar un tiempo de celebra-

> **TODOS QUIEREN VOLVER AL LUGAR EN EL QUE SON BIEN RECIBIDOS.**

ción especial con sus hijos, con su familia; es un tiempo de gozo y alegría. Es preciso celebrar con los hijos; que cuando ellos piensen en los padres no recuerden el sermón y el maltrato, sino el gozo de estar en familia. Todos quieren volver al lugar en el que son bien recibidos.

¿Se imaginan qué hubiera ocurrido si el hijo menor se hubiera topado primero con su hermano, en vez de con su padre? Sería otra historia. "Vete. No eres bienvenido aquí. Ya malgastaste tu dinero, y lo siento mucho, pero ¡así es la vida!". ¡Nada de fiesta!". Pero el padre era diferente. Él estaba unido a su hijo corazón a corazón. ¿Y saben lo que encontró ese hijo menor? El que se había ido y malgastado su herencia, malgastado todo en mujeres, bebidas y fiestas, se dio cuenta que la mejor fiesta de todas estaba en la casa del padre.

Siembra intencionalmente en el corazón de tus hijos recuerdos llenos de alegría y gozo. El mundo es difícil para todos. Por eso tu hogar debe ser para ellos el símbolo de la paz. La Biblia dice que Dios nos ha dado todo para que lo disfrutemos (Vea 1 Timoteo 6:17). Si disfrutas de ellos y con ellos, siempre querrán volver. La mayoría de las veces los padres no han sembrado esas semillas de gozo en el corazón de sus hijos porque no tienen tiempo. Es cierto que el tiempo es un bien limitado, pero es nuestra decisión y nuestra prerrogativa *buscar* tiempo para reír en familia, celebrar, jugar juntos.

Si no lo hiciste antes, empieza hoy preparando para tus hijos una reunión en la que ellos disfruten. Puedes prepararles su comida favorita, y servirles de manera especial. O puedes salir con ellos a donde desean ir. Disfruta las cosas pequeñas de la vida. Tal vez al mirar atrás, te des cuenta que en la familia las cosas pequeñas son las grandes cosas.

¿Sabes cuáles recuerdos tienen tus hijos de su hogar, y de su vida familiar?

_____

_____

¿Son de alegría y celebración, o de incomodidad y pesadumbre?

_____

_____

¿Es el lugar a donde siempre quieren regresar?

_____

_____

Debemos cultivar un buen sentido del humor, especialmente saber reírnos de nosotros mismos, saber disfrutar, reír, celebrar con gozo. El trabajo es importante, es verdad; la universidad conviene, por supuesto. Es necesario servir al Señor, claro que sí. Es preciso trabajar en nuestra relación con los amigos y hermanos de la iglesia. También necesitamos tiempo para nosotros mismos, para practicar un deporte o un hobby. ¿Pero en medio de todas estas cosas, ¿dónde queda el tiempo de disfrutar como familia? "Al dar tiempo a su familia, usted demuestra que la respeta", decía Ed Cole. Recuerda esto cuando estés decidiendo si asistir o no a una actividad que para ellos es importante. Eso será lo que ellos recuerden de adultos.

Es el corazón de los padres el que tiene que volverse a los hijos, no al revés. No trates de obligar a los chicos a hacer tu voluntad. Interésate por los gustos de ellos,

ES EL CORAZÓN DE LOS PADRES EL QUE TIENE QUE VOLVERSE A LOS HIJOS,

métete en sus vidas, celebra la individualidad de cada uno, y fortalece una amistad con ellos. A mi hijo le gusta jugar juegos de video; yo los aprendí para poder tener tiempo con él. A mis hijas les agrada ir de compras; se divierten cuando salen con mi esposa a comprar.

12

Trabajo INTERNO

¿Quién está consciente de sus propios errores? ¡Perdóname aquellos de los que no estoy consciente! (Salmo 19:12 NVI).

Comenzar con la meta final en mente es una característica de las personas a las que les va bien en la vida. También es una característica de quienes hacen bien su tarea de padres. Cuando hayamos comprendido que un objetivo fundamental de los padres consiste en criar a una persona de buen carácter, nos habremos acercado a la meta. Pero para criar a un niño de buen carácter, debemos ser padres de buen carácter.

El carácter se refiere a la capacidad y a la incapacidad de alguien, a su formación moral, a su forma de relacionarse, y a la forma en que realiza sus tareas. Si el carác-

> **PARA CRIAR A UN NIÑO DE BUEN CARÁCTER, DEBEMOS SER PADRES DE BUEN CARÁCTER.**

ter de una persona es el que determina su futuro, entonces la crianza de los niños se trata fundamentalmente de cómo ayudarlos a desarrollar un carácter que les permita transitar por la vida en forma segura, estable, productiva, y feliz. Al igual que en una casa es necesario de vez en cuando hacer una limpieza profunda, yendo inclusive a la bodega donde se guardan todos los trastos viejos, para desempolvar, acomodar y arreglar, ha llegado el momento de revisar más allá de lo obvio aquello que no vemos regularmente. Es el trabajo interno que es preciso hacer.

Por ello te pedimos que vayas a la parte más profunda de tu propio ser, y pienses en tu interior, en tu carácter. Porque tal como es el hombre en su interior, así es él. El hacer surge del ser, por tanto, muchas de las cosas que haces, aún sin ser consciente, necesitan una revisión profunda de tu ser. Examina tu carácter.

¿Qué haces ante determinadas situaciones, y cómo lo haces?

_____

_____

Ante la necesidad de desempeñarte, ¿cómo cumplirás lo que se te exige?

_____

_____

¿Puedes amar?

_____

_____

¿Eres responsable?

_____

_____

¿Puedes sentir empatía por los demás?

_____

_____

¿Puedes desarrollar tus talentos?

_____

_____

¿Puedes solucionar problemas?

_____

_____

¿Puedes lidiar con el fracaso?

_____

_____

¿De qué manera reflejas la imagen de Dios?

_____

_____

Estos son algunos de los temas que definen el carácter. Aunque resulte tentador negarnos a ver el "por qué" detrás del "qué", cuando nuestra vida carece de las cosas que Él nos ha prometido, debemos estar dispuestos a hacerlo si queremos lograr la vida que nos ofrece. Todos tenemos puntos ciegos en nuestra vida: errores, pecados, actitudes, acciones, gestos, tono de voz, lenguaje corporal. Son cosas que simplemente molestan a aquellos que están cerca de nosotros. Si enfrentas la verdad, y aprendes a oponerte al conflicto y a vivir en armonía con los demás, Dios te liberará para vivir la vida para la que fuiste destinado.

Usaremos las palabras de Jesús para que no seas ofendido por nosotros, porque el Señor es sumamente enérgico en lo que se refiere al análisis de nuestros propios errores y pecados. El pasaje al que nos referimos es Lucas 6:41-42 (NTV):

> *¿Y por qué te preocupas por la astilla en el ojo de tu amigo cuando tú tienes un tronco en el tuyo? ¿Cómo puedes decir: "Amigo, déjame ayudarte a sacar la astilla de tu ojo", cuando tú no puedes ver más allá del tronco que está en tu propio ojo? ¡Hipócrita! Primero quita el tronco de tu ojo; después verás lo suficientemente bien para ocuparte de la astilla en el ojo de tu amigo.*

¿Fuerte? Pues sí, pero válido y muy común en lo que se refiere al trato con nuestros hijos. No vemos nuestras acciones pecaminosas y nuestros errores de buena o mala fe, pero sí observamos detenidamente los de ellos. Por eso, y para sacar la viga de sus ojos, le animamos a que tome un momento de su tiempo y haga suyas las palabras del salmista David en el Salmo 19:12: "*¿Quién podrá entender sus propios errores? Líbrame de los que me son ocultos*". Abre tu corazón para recibir la contestación que puede llegar a tu corazón de muchas maneras, y no te enojes con aquellos que, como enviados de Dios, traerán esa respuesta a tu oración.

DIOS ESPERA QUE HAGAMOS LO POSIBLE, MIENTRAS ÉL HACE LO IMPOSIBLE.

Al hacer la limpieza de hoy, será necesario trabajar con tu carácter en lo que ves y en lo que no ves. Hay padres que saben que están pecando, que dañan el corazón de sus hijos al vivir en una relación adúltera, por ejemplo. Dicen: "Es que estoy orando para que Dios me quite el amor por él o ella, y me dé nuevo amor por mi esposo o esposa". Otros miran a Dios para cambiar sus circunstancias, e inclusive hay quienes le piden a Dios que cambien las personas alrededor suyo. Pero eso no es así. Hay una ley en la que Dios divide la parte que le toca a Él, y la que nos corresponde a nosotros. Dios espera que hagamos lo posible, mientras Él hace lo imposible.

Podemos culpar a nuestras familias disfuncionales, a las injusticias de nuestra sociedad, mas para alcanzar la meta es preciso analizar de dónde surgen los conflictos. La mayoría de las veces tiene que ver con el carácter de los miembros de la familia que no producen el fruto del Espíritu, sino que actúan según las obras de la carne. No estamos hablando de vestiduras físicas, sino de sus vestidos espirituales. Es cierto que el Señor toma las vestiduras viles que traemos de nuestro pasado, y nos da vestidos limpios, espiritualmente hablando. Pero también es cierto que somos nosotros quienes tenemos que despojarnos de las viejas ropas (Vea Efesios 4: 22-24).

¿Qué te gustaría cambiar de tu persona, y cómo lo harías? ¿De qué debes despojarte?

Si no estás seguro de cuáles son tus defectos, pregúntales a quienes viven contigo. Así que vamos a poner la pregunta de otra forma:

¿Qué cambios le gustaría a tu cónyuge ver en ti?

¿Qué cambios tus hijos quisieran que hagas?

¿Cuáles hábitos tuyos perjudican a tu familia, o interfieren en tus relaciones con tus hijos?

Quizás responder a estas preguntas te ayude a ver tus defectos. En realidad, el cambio de hábitos es el más importante de todos. Cuando tú cambies, cambiará tu entorno. Dios tiene el poder de cambiarlo íntegramente, de hacer de ti una nueva criatura, diferente, con una mente diferente, con un temperamento diferente. Aprendamos a trabajar juntos para romper esos hábitos del corazón que no le dan gloria a Él.

Es por tu propia acción que tienes que despojarte del ropaje antiguo, y ponerte el nuevo. Es preciso hacer un trabajo interno, y tomar control de nuestras actitudes y pensamientos, valores y actitudes. Tú como padre, como madre, debes identificar los principios bajo los cuales vives, antes de transmitirlos a tu descendencia. No hay lugar para la tibieza en lo que a crianza de hijos se refiere, pues no se puede dar ejemplo a los hijos de mantener una vida íntegra si tú no lo haces. Tal vez te parezca fanatismo, pero la verdad es que debemos aprender a ser consecuentes con nuestras creencias y opiniones. Los hijos valoran la honradez. Para alcanzar el éxito en la vida y construir un carácter sólido, debemos aprender que somos responsables por nuestras actitudes y acciones.

Formar un carácter digno de ser imitado tiene que ver con vestirse con el fruto del Espíritu Santo, y no con las obras de la carne. Gálatas 5: 22-23 dice:

> *Mas el fruto del Espíritu es amor, gozo, paz, paciencia, benignidad, bondad, fe, mansedumbre, templanza; contra tales cosas no hay ley.*

El fruto es la muestra externa de nuestra fe. No se puede tener relaciones saludables, correctas y amorosas con nuestros hijos sin el fruto del Espíritu.

Podemos reprender al enemigo en la vida de nuestros hijos, pero si no caminamos en obediencia y amor a Dios, no tenemos autoridad alguna. El antídoto ante toda visión es el amor que es un fruto del Espíritu y un don de Dios. Si estás batallando contra el enemigo por la vida de tus hijos, concéntrate en andar en amor, y no en usar tus mismas armas.

El amor es como un diamante brillante que tiene muchas facetas, que incluyen la paciencia, la humildad, la generosidad. Mas la ira, el enojo, la impaciencia no corresponden a las facetas del amor ni al fruto del Espíritu, sino más bien a las obras de la carne.

Si tus hijos te escuchan hablar del amor, pero no lo ven en la práctica, perderás autoridad con ellos, y tus palabras no tienen ninguna fuerza. El amor debe ser lo primero que los hijos vean en nosotros aún cuando ellos quieran pelear, enojarse y dividir. Alguien dijo que si el amor responde cuando la disputa golpea a la puerta, esta no logrará entrar. Eres tú como padre quien tiene que responder con amor aunque tu hijo busque contienda. No olvides que el bien vencerá el mal, y la luz vencerá a las tinieblas. Romanos 12:21 (NVI) lee: *"No te dejes vencer por el mal; al contrario, vence el mal con el bien".* Si amamos activamente, el mal no nos alcanzará. En cambio, nosotros venceremos el mal.

Normas y límites

Al dar instrucciones sobre la crianza de los hijos, Pablo dice en Efesios 4:6 (LBAD):

> *Y en cuanto a ustedes, padres, no estén siempre regañando y castigando a sus hijos, con lo cual pueden provocar en ellos ira y resentimientos. Más bien críenlos en amorosa disciplina cristiana, mediante sugerencias y consejos piadosos.*

El mismo versículo en la *Nueva Biblia Española* dice así: «*Padres, no exasperen a sus hijos, para que no se depriman*», y la versión *Dios Habla Hoy* lo traduce: «*para que no se desanimen*». En el griego la palabra que se traduce «*depriman*», «*desanimen*», o «*vuelvan infelices*» significa literalmente: «*dejar de soplar el viento sobre las velas de un barco*». Dios está diciendo: «*No formen a sus hijos de tal modo que les quiten toda fuerza o iniciativa. No los críen de tal manera que se tornen totalmente frustrados, decaídos, amargados, hostiles, holgazanes, pesimistas, negativos, temerosos, miedosos, inseguros, rebeldes, resentidos, impíos y descarriados*».

Ahora ve a quiénes está dirigido el versículo: a los padres. No es responsabilidad del colegio, de los abuelos, tíos o vecinos; es la responsabilidad de los padres y las madres. Lo segundo que dice es que lejos de estar regañando y castigando constantemente, debemos estar llenos de amor.

Volvamos a Efesios 4:6: "*...Más bien críenlos en amorosa disciplina cristiana, mediante sugerencias y consejos piadosos*". La palabra *críenlos* está en voz activa, en modo imperativo y en tiempo presente. No es una tarea que harás en un día o un mes, ni en un año o diez. Es un trabajo que tomará mucho tiempo, y esfuerzo constante. Es una tarea presente, no pasada ni futura. Mientras los hijos estén bajo tu cuidado, todos los días tendrás oportunidades para cuidarlos. Es un trabajo sin descanso; no hay circunstancia, o situación, o lugar que permita liberarse de esta tarea.

Visto desde este ángulo, el propósito de la disciplina no es castigar, sino corrección y desarrollo. Disciplina significa desarrollar el carácter, no dar rienda suelta al enojo (Vea Hebreos 12:5-11 NVI).

Ciertamente, ninguna disciplina parece agradable en el momento de recibirla, sino más bien penosa. Sin embargo, después produce una cosecha de justicia y paz para quienes han sido entrenados en ella.

Entonces para que la disciplina funcione, debemos seguir el ejemplo de Dios. El Señor deja bien en claro sus expectativas. Del mismo modo debemos tratar a nuestros hijos. Ignorar lo que sus padres esperan de ellos puede ser una experiencia frustrante. Cuando esto ocurre, nunca están seguros de que están haciendo lo que deberían hacer. Ni tampoco pueden estar seguros de que no recibirán castigo por no hacer algo que no sabían.

Los hijos no pueden leer nuestras mentes. No debemos castigarlos por hacer algo en una ocasión, e ignorarlo cuando hacen lo mismo en otra circunstancia. La disciplina no producirá crecimiento ni corrección a menos que sea consecuente. Si una acción es considerada errónea una vez, lo será también la segunda, la tercera y aun la décima vez, a no ser, por supuesto, que usted comprenda que su norma estaba equivocada. El asunto es que en la mayoría de los casos, el castigo o la disciplina tiene más que ver con el estado de ánimo de los padres que con la falta cometida por los hijos. Eso les da mucha inseguridad a los chicos.

Los padres deben tener cuidado de mover constantemente los límites, o cambiar las normas y reglamentos. Dios es consecuente, y nosotros también debemos serlo. Los límites y las expectativas deben estar claramente delineados, pues estos les proporcionarán seguridad y una estructura. La ausencia de los mismos promueve la inseguridad, la frustración, la hostilidad y el resentimiento. Tampoco debemos esperar de ellos más de lo que son capaces de dar o hacer. Padres, no subestimen, pero tampoco sobrestimen sus capacidades, poniendo en ellos una carga que no podrán sostener. Debemos permitir que tengan faltas, que cometan errores, que fallen, sin acosarlos ni darles la impresión que no serán aceptados a menos que sean perfectos. Les pregunto:

Las reglas, los límites y las expectativas que tienes sobre tus hijos, ¿son razonables?

_____

_____

¿Los implementas con amor, o con ira y faltas de respeto?

_____

_____

No formen el hábito de hacer reglamentos arbitrarios. En todo lo posible expliquen a sus hijos el motivo que les impulsa a imponer cada reglamento. Por supuesto, esto no se aplica a los niños muy pequeños. Dios no está obligado a dar razones, y, sin embargo, a menudo lo hace. No permitan que sus hijos discutan acerca de sus razones, y les falten el respeto. Después de enunciar sus razones, quizás ellos no estén de acuerdo, no obstante, sabrán que ustedes no actúan arbitraria o caprichosamente. Para ello es necesario basar todos sus reglamentos sobre normas y principios bíblicos.

Recuerden que las normas y los reglamentos son para el bien de sus hijos. Necesitan límites para darles seguridad, para ayudarles a aprender a distinguir entre lo bueno y lo malo. Jamás llegarán a ser personas disciplinadas, discípulos de Cristo, si no tienen estructuras en sus vidas.

Ya que nuestra sociedad está inundada de moralidad relativa y valores variables, es importante que usted ayude a su hijo a comprender y a aplicar valores bíblicos en su vida. Los valores bíblicos son absolutos, por ejemplo, la Biblia dice "No Matarás". Eso no es relativo es absoluto. Ahora ¿cuál es su primera idea si su hija adolescente dice que está embarazada? Hay muchos padres cristianos que por evitar la vergüenza piensan en el aborto, y se lo dicen a sus hijas. Entonces no tienen firmeza en los valores bíblicos de los que hablan, pues cuando se sienten presionados hacen lo que es más fácil, no lo correcto. Cuando dices que no se debe mentir y mientes; cuando hablas de que se deben sujetar, pero tú mismo eres rebelde delante de Dios y sus pastores; cuando hablas de honestidad financiera y ellos saben que no diezmas, no estás enseñando valores bíblicos, precisamente. Lo más probable es que si tú no eres íntegro, tus hijos tampoco lo serán.

SI TÚ NO ERES ÍNTEGRO, TUS HIJOS TAMPOCO LO SERÁN.

Debemos dedicar tiempo y esfuerzo para discipular a los hijos. Almacenar o inculcar en la memoria experiencias agradables engendrará una buena actitud hacia ti, y proveerá el fundamento necesario en tu relación cuando tengas que corregir, reprender o castigar a tus hijos. En muchas ocasiones el recuerdo de momentos gratos que han compartido les ayudará a comprender que tú no eres un ogro que disfruta ser molestoso y malo. Y cuando sea necesario disciplinar, deberás manejar la carga negativa con sabiduría y dominio propio.

Cuando tus hijos cometen un error o no cumplen con tus expectativas, ¿dejas de expresarles amor?

_____

_____

No necesitas estar contento con la conducta del niño para darle un abrazo. Los padres pueden comentarle al hijo que jugó muy bien en el partido de la noche anterior, a pesar de que su cuarto sea un área de desastre. Un papá puede llevar a su hijo a comer afuera para pasar juntos un buen tiempo, aun cuando el hijo rompió el florero al haberse puesto a jugar en la sala. Una madre puede darle a su hija un vestido nuevo como regalo aunque la hija no haya completado su tarea. Cuando el hijo percibe que tú lo amas, y que ese amor no se basa en su conducta, es mucho más probable que responda positivamente a sus solicitudes o mandatos, y que lo haga sin rebelarse. No debemos olvidar que es la misericordia y la benignidad de Dios la que nos guía al arrepentimiento. Muchos padres se preguntarán si acaso esto no hará que sus hijos se vuelvan irresponsables. La respuesta es que esta clase de amor también enseña responsabilidad.

En 1 Corintios 11:1, Pablo dijo: *"Sed imitadores de mí, así como yo de Cristo"*. ¿Podrías decir lo mismo? Para hacerlo debes convertirte en una persona digna de imitar. No hay duda de que la mayoría de los padres saben muchas cosas que los niños deben aprender, y la instrucción puede ser un método efectivo para transmitirlas. Se debe impartir instrucción. Pero asegúrate de que ya se ha establecido el fundamento del amor, porque ese amor incondicional constituye un ingrediente esencial para un suelo fértil donde pueda crecer el corazón de un niño. Si el corazón del niño no ha sido cultivado y regado con amor incondicional, modelos positivos, y la orientación amorosa por parte de sus padres, no es muy probable que germine y crezca la semilla de la instrucción.

Los niños que sienten la seguridad del amor paterno tienen mucha mayor probabilidad de tomar decisiones correctas y sabias en la vida; y cuando toman malas decisiones, tienen mucha más probabilidad de aprender de sus propios errores y corregir su conducta en el futuro.

El orgullo divide

Ahora cortaremos más profundamente, y le revelaremos lo que Dios puso en nuestro corazón. Y es que la causa principal de la división entre padres e hijos es el orgullo. ¿Alguna vez has estado seguro de que tenías la razón acerca de algo? Tu mente parecía tener un depósito de hechos y detalles para probar que estabas en lo cierto, pero terminó equivocándose. ¿Qué hiciste? ¿Admitiste tu error o seguiste insistiendo y tratando de encontrar una manera de defender tu postura? ¿Y por qué fue eso? Por orgullo. Corazones arrogantes se transforman en palabras que dividen.

Después de todo lo que he dicho, vuelvo a hacer esta pregunta: ¿Por qué es tan difícil? ¿Por qué nos desesperamos tanto por

CORAZONES ARROGANTES SE TRANSFORMAN EN PALABRAS QUE DIVIDEN.

tener razón? ¿Por qué nos resulta tan difícil estar equivocados? ¿Por qué es tan importante para nosotros "ganar" cada discusión? Porque el orgullo está en juego. El orgullo anhela desesperadamente verse bien, parecer inteligente, ser admirado incluso por uno mismo. Tanto que nos engaña, como nos dice Abdías 1:3: "*La soberbia de tu corazón te ha engañado*". La soberbia puede engañarnos, y hacernos creer que estamos en lo cierto cuando en realidad estamos equivocados. La soberbia nos hace pelear para tener razón; llena nuestra mente con autoengaños. Nos lleva a justificar toda clase de actitudes y comportamientos erróneos, plenamente convencidos de que estamos en lo correcto.

La mayoría de las discusiones surgen de preocupaciones insignificantes. El orgullo nos lleva a iniciar discusiones por cosas que no marcan ninguna diferencia para nadie. Un corazón soberbio se niega a mantenerse en silencio porque la altivez exige que diga todo lo que tiene que decir. El apóstol Pablo nos advierte sobre tales conversaciones:

> *Te repito: no te metas en discusiones necias y sin sentido que solo inician pleitos. Un siervo del Señor no debe andar peleando, sino que debe ser bondadoso con todos, capaz de enseñar y paciente con las personas difíciles. Instruye con ternura a los que se oponen a la verdad. Tal vez Dios les cambie el corazón, y aprendan la verdad. Entonces entrarán en razón y escaparán de la trampa del diablo. Pues él los ha tenido cautivos, para que hagan lo que él quiere* (2 Timoteo 2: 23-26).

Fíjate en las palabras "*sin sentido*" en el versículo 23. Se refiere a cosas que no tienen mayor importancia, y que no establecen una diferencia en relación con cosas que sí son realmente importantes. Hasta las discusiones que surgen acerca de las Escrituras son resultado de orgullo espiritual. Esta es la clase de orgullo que más agrada al diablo, y desagrada al Señor.

Una vez más repetimos un consejo trillado, pero válido: aprende a escoger sus batallas. De seguro tienes recuerdos de las luchas de poder que has mantenido con tus hijos. Esas batallas pueden ser por muchas cosas: quehaceres domésticos, estilos de vestimenta, privilegios y restricciones, y amigos. Es tarea tuya ayudar a tus hijos a que también puedan escoger sus batallas, saber qué cosas pueden controlar y qué no, y por supuesto debes prevenir que no siempre estarán dispuestos a aprender porque, al igual que a los adultos, no les gusta que les recuerden sus límites, y luchan también con el orgullo como parte de su naturaleza carnal. Entonces, cuando hables y confrontes a tus hijos, debes ser sensible al Espíritu para determinar si hay un motivo detrás de sus palabras. No te exaltes, pues al perder el control, pierdes toda razón. Elije tus palabras con cuidado, siendo consciente del impacto que pueden tener en tus hijos los tonos de voz y el lenguaje corporal. *"El necio muestra en seguida su enojo, pero el prudente pasa por alto el insulto"* (Proverbios 12:16 NVI).

El apóstol Pedro en su primera carta, capítulo 5:5 dice: *"Dios resiste a los soberbios, Y da gracia a los humildes".* Entonces pregunté: Si la causa más común para los conflictos tiene que ver con el orgullo, ¿cómo esperar tener el poder, la bendición, la salud y la prosperidad de Dios, si Él resiste al orgulloso? No tenemos paz en nuestras relaciones, por el orgullo.

¿Podría ser el orgullo el área de tu carácter en la que necesitas trabajar?

_____

_____

Aprende a callar cuando te encuentres en medio de un desacuerdo con tus hijos. Da un paso atrás, y confía en que Dios tomará el control de la situación. De esta manera evitará avivar el fuego de los conflictos por medio de tus palabras. *"La respuesta amable calma el enojo, pero la agresiva echa leña al fuego"* (Proverbios 15:1 NVI) y *"La lengua apacible es árbol de vida"* (Proverbios 15:4). La respuesta amable trae paz en medio de la agitación, y la lengua apacible tiene poder sanador.

Las palabras equivocadas, o dichas en el momento inapropiado, ciertamente pueden iniciar un incendio, sobre todo cuando son palabras de juicio, crítica, chisme y murmuración. Santiago nos advierte sobre el poder con que la lengua puede causar dolor y división. *"Y la lengua es un fuego, un mundo de maldad"* (Santiago 3:6).

LA ÚNICA MANERA DE EVITAR O DETENER UNA DISCUSIÓN ES DEJAR DE HABLAR.

Cuanto más combustible echemos al fuego, más crecerá. La única manera de detener el incendio es quitar el combustible. La única manera de evitar o detener una discusión es dejar de hablar. Cuando alguien nos insulta, o hiere nuestros sentimientos, solemos vernos tentados a responder con el orgullo herido. Pero sería más sabio ignorar el insulto, y dejar que Dios trate con esa persona, así esa persona sea nuestro hijo o hija.

(AÍDA) ¿Has preguntado alguna vez a tus hijos qué es lo que más les molesta de ti? Por supuesto que hay que ser valientes para hacer esa pregunta, y aceptar la respuesta sin enojarse. Yo les pregunté a mis hijos cuáles son las tres cosas que les molesta de mí. Ellos coincidieron en una: ¡que les repita la misma cosa varias veces! El apóstol dice en un pasaje que presentamos: *"Padres, no estén siempre regañando y castigando a sus hijos, con lo cual pueden provocar en ellos ira y resentimientos"*. Él utiliza la palabra "siempre". ¿Qué es lo que tú haces "siempre"? ¿Siempre regañas o castigas? El consejo de Pablo es que no se debe regañar constantemente, sino criarlos en amorosa disciplina. Regañar no es una faceta del amor. Exhortar con amor, como ya mencionamos, sí.

Si deseas mejorar tu carácter y ganar a tus hijos, es preciso cambiar la soberbia por la humildad. Si no estamos dispuestos a humillarnos, no tendremos esperanza de lograr relaciones pacíficas con nadie, y mucho menos con nuestros hijos. Mientras sigamos creyendo que lo sabemos todo, no sabremos nada. Cuando admitimos que todavía tenemos mucho que aprender, y dejamos de emitir nuestra propia opinión, llegamos por fin al sitio en el que el conocimiento puede desarrollarse. No siempre estaremos de acuerdo con los demás, y no siempre tenemos que estarlo. Pero en lugar de defender con orgullo insistiendo en tener la razón, aprende a decir: "Creo que tengo razón, pero puedo equivocarme". Es realmente sorprendente ver cuántas discusiones se evitan utilizando ese simple acto de humildad.

Sigamos el ejemplo de Jesús. Con frecuencia, se le acusó de hacer el mal, pero jamás intentó defenderse. Dejó que las personas pensaran que estaba equivocado, y no

SI DESEAS GANAR A TUS HIJOS, ES PRECISO CAMBIAR LA SOBERBIA POR LA HUMILDAD.

se inquietó en lo más mínimo. Él podía hacer eso porque sabía quién era. No le molestaba en realidad. No estaba tratando de probar nada. Él confiaba en que su Padre celestial haría justicia, y nosotros podemos hacer lo mismo. Trabaja con tu orgullo, entrégale a Dios tu derecho a tener razón, y observa cómo mejora la relación con tu hijo o hija.

El perdón

Muchos padres están enojados con sus hijos. Por bueno que sea su hijo o hija, puede herir tu corazón. Es necesario que aprendas a reconocer tus emociones sin disfrazarlas con palabras que pretenden hacer que nuestra actitud se vea mejor. En lugar de usar la palabra ira, por ejemplo, usamos palabras como enojo, frustración, decepción. Pero la verdad es que en el fondo del corazón lo que hay es ira. Muchos padres están enfadados con sus hijos, aunque lo describan de otra manera.

Todos sabemos que las ofensas son inevitables, y estas pueden venir de cualquier parte. En realidad, la Biblia nos muestra que son las personas más cercanas las que más graves conflictos han tenido. Los mayores desacuerdos y ofensas provienen de personas de la misma familia. Podemos estar seguros que las ofensas vendrán. Es mucho más valioso aprender a manejarlas que esperar que no ocurran. En un momento de debilidad, la persona a quien más queremos nos abandonará, nos criticará, nos hará sentirnos avergonzados o nos dejará plantados. Jesús lo dijo así: Lucas 17:1"...*Imposible es que no vengan tropiezos...*" Si estás enojado con tus hijos por cualquier razón, necesitas confesar la falta de perdón como un pecado. Perdonar a los hijos es necesario, pues muchas veces son ellos los que hieren al no reconocer todos los esfuerzos que sus padres hicieron por sacarlos adelante en la vida. También somos heridos por expectativas fallidas, al descubrir que su hijo o hija no parece cumplir los sueños que tuvo desde que eran pequeños.

Perdonar es un elemento importante del amor incondicional y fundamental para ganar el corazón de sus hijos. Perdonar es dejar el incidente en el pasado; significa no reprocharlo más. Es preciso diferenciar entre el perdón y las consecuencias de una falta. Si tu hijo hizo algo indebido, debe responsabilizarse por lo hecho. Los niños necesitan ser disciplinados por su mal comportamiento, pero también necesitan saber que tú los perdonas por sus ofensas.

PERDONAR ES UN ELEMENTO FUNDAMENTAL PARA GANAR EL CORAZÓN DE SUS HIJOS.

¿Sueles guardarles rencor a tus hijos? ¿Se te hace difícil perdonarlos?

_____

_____

¿Cómo crees que se sienten ellos cuando ven que tu enojo no termina?

_____

_____

¿Debes pedirles perdón por algo?

_____

_____

Tenemos que tratar el pecado de la misma manera que nuestro Padre celestial lo trata. Está el ejemplo de Caín, quien comete un crimen en contra de su hermano Abel. Él estaba enojado con su hermano, pero no supo procesar esa emoción. Lo mató sin pensarlo dos veces. Y Dios actúa con Caín de una manera sorprendente. Piense un momento cómo trató Dios a Caín, a pesar del grave pecado cometido en contra de su hermano Abel (Vea Génesis 4: 13-15).

¿Por qué Dios no permitió que se matara a Caín? La única respuesta que encontramos es que Dios sabe lo dañino y doloroso que es el rencor. Luego Lamec diría que si Caín sería vengado siete veces, Lamec lo sería setenta veces siete. La ley de Lamec es la ley del rencor y la venganza. La de Jesús es la ley del amor. Fíjese en algo muy interesante:

> *Entonces se le acercó Pedro y le dijo: Señor, ¿cuántas veces perdonaré a mi hermano que peque contra mí? ¿Hasta siete? Jesús le dijo: No te digo hasta siete, sino aun hasta setenta veces siete* (Mateo 18: 21-22).

Pedro piensa que setenta veces es suficiente, pero Jesús dice que debe perdonar hasta 70 veces siete. Lamec, uno de los hijos de Caín, había dicho que él se vengaría 70 veces siete de quien hiciera daño. *"Si siete veces será vengado Caín, Lamec en verdad setenta veces siete lo será"* (Génesis 4:24). Es como si Jesús estuviera revirtiendo esa maldición, si antes el hombre exigía ser vengado 70 veces, hoy bajo la gracia, se debe perdonar esa misma cantidad de ofensas.

Caín perdió su privilegio, y anduvo errante por el mundo. Pero aún así, Dios lo protegió. Una vez que Él nos extiende su perdón, no vuelve a recordar el pecado cometido. Cuando el hijo pródigo regresó, su padre lo cubrió. El simbolismo es maravilloso: el amor cubre todas nuestras faltas, el amor cubre nuestra desnudez. Y al final, el padre restauró a su hijo a la misma posición que tenía antes de que se fuera. El amor incondicional restaura. Es así como se ama a un hijo que nos ha fallado y desilusionado; con el amor del Padre Dios.

Perdonar no siempre es fácil, pero es un mandato bíblico que tenemos que obedecer, y aún estar dispuestos a iniciar el proceso el perdón.

Si tu hijo está lejos de ti, te animamos a que inicies el proceso de reconciliación y perdón como primer paso. Recuerda que no importa quién tiene la razón, sino quién hace lo correcto. Este versículo debe ser el lema de vida de aquellos que anhelan vivir en paz:

> *Antes sed benignos unos con otros, misericordiosos, perdonándoos unos a otros, como Dios también os perdonó a vosotros en Cristo* (Efesios 4:32).

La mejor manera en que tu hijo puede aprender a confesar sus errores y a pedir perdón es a través del ejemplo. Es humillante pedir perdón a los hijos después de que se les ha dicho o hecho algo que les hirió. Pero cuando lo haces, es una bendición escucharles decir: "Te perdono". Si no confiesas tus errores, y no buscas el perdón de tus hijos, no solo te estás preparando para conflictos espirituales personales, sino que también les estás enseñando a hacer lo mismo. Si no eres capaz de hacerlo, tal vez debas trabajar en tu carácter en lo que se refiere al resentimiento y la falta de perdón. Esos son pecados que solemos justificar muy fácilmente.

Juzgar y no escuchar

Otro de los pecados que no tomamos en cuenta tiene que ver con la prontitud para juzgar. En muchos casos, los padres descuidamos el mandato del Señor de ser prontos para oír, y lo que hacemos es dar por supuesto que ciertas cosas son de tal o cual manera que imaginamos. *"Todo hombre sea pronto para oír, tardo para hablar, tardo para airarse* (Santiago 1:19). Cuando tratamos con las personas jóvenes es necesario que andemos con cautela para no ahogar la conversación ofreciendo demasiados consejos. Philip Wylie, un escritor cristiano, analizando el abismo que existe entre las generaciones, dice que: "La queja fundamental de los jóvenes no se refiere a los errores y los problemas que han heredado, sino el hecho de que no pueden hablar con sus mayores. Yo he llegado a creer que la gran mayoría de hijos no han disfrutado una intimidad verdadera con sus padres. Ese es el principal conflicto entre padres e hijos". Es que los padres no escuchan. Y ese es otro pecado que necesitamos confesar: *"Al que responde palabra antes de oír, Le es fatuidad y oprobio"* (Proverbios 18:13).

> **LA COMUNICACIÓN TIENE MÁS QUE VER CON ESCUCHAR QUE CON HABLAR.**

Los padres se enojan antes de escuchar, y cuando las explicaciones llegan, si es que se les permite a los hijos darlas, en ocasiones llegan después de haber tenido un conflicto. Recuerda que la comunicación tiene más que ver con escuchar que con hablar. A medida que los padres vayan aprendiendo a escuchar mejor, sus hijos sentirán que los comprenden más. Puede ser que sigan sin estar de acuerdo con tu decisión final, pero te respetarán porque los has tratado como una persona.

Resistir el conflicto y abrazar la paz en todas las relaciones implica esfuerzo, pero vale la pena. Este consejo de la Palabra es básico para la relación con los hijos:

> *No pequen al dejar que el enojo los controle; reflexionen durante la noche y quédense en silencio* (Salmo 4:4 NTV).

Aún vale la pena recordar que la victoria sobre el conflicto y la contienda requiere que nos comprometamos en una batalla espiritual. Efesios 6:12 (NVI)dice:

> *Porque nuestra lucha no es contra seres humanos, sino contra poderes, contra autoridades, contra potestades que dominan este mundo de tinieblas, contra fuerzas espirituales malignas en las regiones celestiales.*

¡Paciencia!

La paciencia es otro elemento del amor y requisito esencial para ganar el corazón de nuestros hijos.

> *Así que, los que somos fuertes debemos soportar las flaquezas de los débiles, y no agradarnos a nosotros mismos* (Romanos 15:1)

Tenemos que ser pacientes con el progreso de la familia, y eso tiene que ver con la aceptación. Amar a cada uno tal como es, esperando hasta que se cumpla la Palabra en la que se nos dice que el que comenzó la buena obra, la terminará. Si bien es cierto que nuestros hijos no son perfectos, nosotros tampoco lo somos. Pero Dios no solo ve lo que somos ahora, sino también lo que podemos llegar a ser.

Esperar es una parte de todas nuestras relaciones. Tomemos el ejemplo para nuestra familia del árbol de bambú chino. Después que se

LA PACIENCIA ES OTRO REQUISITO ESENCIAL PARA GANAR EL CORAZÓN DE NUESTROS HIJOS.

planta la semilla de este asombroso árbol, no se ve nada durante cuatro años, excepto un pequeño bulbo saliendo de la tierra. Durante esos cuatro años, todo el crecimiento se lleva a cabo bajo la tierra en una estructura masiva y fibrosa de raíces que se expande hacia abajo y a lo ancho debajo de la tierra. Entonces, en el quinto año, el árbol de bambú chino crece ¡hasta 25 metros!

Muchas cosas en la vida familiar son como el árbol de bambú chino. Uno trabaja e invierte tiempo y esfuerzo, y hace todo lo posible para nutrir el crecimiento. En ocasiones no se ve nada durante semanas, meses o incluso años. Pero si se es paciente y se sigue trabajando y alimentando, ese "quinto año" llegará, y se asombrará del crecimiento y el cambio que verá que se ha dado.

> *Por lo tanto, como escogidos de Dios, santos y amados, revístanse de afecto entrañable y de bondad, humildad, amabilidad y paciencia, de modo que se toleren unos a otros y se perdonen si alguno tiene queja contra otro. Así como el Señor los perdonó, perdonen también ustedes. Por encima de todo, vístanse de amor, que es el vínculo perfecto* (Colosenses 3: 12-14 NVI).

¿Podría ser que la impaciencia es el pecado con el que debas tratar?

_____

_____

Leímos hace un momento que no debemos estar siempre regañando a los hijos. Más allá de reprender y regañar, el amor anima y aplaude los logros de los otros. Lo opuesto al elogio es la crítica. Piensa cómo te hace sentir la crítica a ti. Si es como la mayoría de las personas, la crítica duele, y hace un hueco en su corazón por el cual se escapa la energía y el deseo de hacer las cosas mejor. Lamentablemente nos hemos vuelto expertos en la crítica, y tacaños con los elogios. Vemos siempre lo malo de los demás, sobre todo en nuestra relación con los hijos. "¿Sacaste 15 en matemáticas?". Ese es el reclamo, aunque haya sacado 20 en tres materias más. Pregúntate cuándo fue la última vez que elogiaste algo que hizo tu hijo o tu hija. Toma la decisión de confesar hoy la crítica como un pecado, y de ser generoso en tus elogios. Eso acercará el corazón de tus hijos al tuyo.

Generosidad

Sé generoso con tus hijos. No hablamos solo de dinero, sino de tu tiempo y tus elogios. El amor no es envidioso. A veces parece que los padres quieren vivir su propia vida a través de la de sus hijos. Aunque no sea consciente, de una u otra manera resienten la libertad o las oportunidades que ellos tienen. No debería ser así, pero el corazón humano es tan complejo que hemos visto esa actitud no en uno o dos, sino en varios padres.

El amor "no es egoísta…". La traducción Reina-Valera dice que el amor *"no busca lo suyo"* (Vea 1 Corintios 13:5). Jesús dijo: *"Si alguno quiere venir en pos de mí, niéguese a sí mismo, y tome su cruz, y sígame"* (Marcos 8:34). Jesús es amor, y si queremos seguir su estilo de vida, requerirá el desarrollo de una naturaleza desinteresada. Renunciar a uno mismo no es tarea fácil. La carne es dura de matar, y lucha sin tregua. Si analizas tu corazón, ¿puedes encontrar en él rastros de egoísmo? ¡De seguro que sí! Pues es precisamente el egoísmo la principal causa de los conflictos familiares. El egoísmo es el terreno propicio para la contienda y la división.

Cuando somos duros con alguien, lejos de ganar su corazón, desatamos su ira. En cambio, la benignidad actúa como un bálsamo sanador, y mantiene alejada la contienda. El amor es bondadoso, es gentil.

El amor no se enoja fácilmente, no guarda rencor, es lento para enojarse. Los padres debemos aprender a tener dominio propio,

CUANDO SOMOS DUROS CON ALGUIEN, LEJOS DE GANAR SU CORAZÓN, DESATAMOS SU IRA.

que es un fruto del espíritu. Si luchas con un temperamento iracundo, pide a Dios que te revele el origen del problema. Quizás usted sufrió abuso en el pasado, y tienes ira reprimida que necesita tratar. O tal vez es orgulloso y necesita humildad. El orgullo es con frecuencia la raíz de un carácter irritable. Usar el dominio propio para controlar la emoción del enojo es mucho más fácil que tratar de lidiar con todas las repercusiones, una vez que perdió los estribos.

Tus hijos deben ser tratados con gentileza siempre. Nos hemos dado cuenta que tenemos la tendencia de tratarlos rudamente, de forma que no lo haríamos jamás con un extraño. Los padres evitarían muchos conflictos y dolores si actuaran con cortesía con los hijos. Aprende a recorrer la segunda milla para ser gentil con tu cónyuge y tus hijos.

¿Podría ser que la rudeza sea uno de los pecados con los que tienes que tratar?

Cada uno de nosotros tiene tanto la mentalidad de la carne como la mentalidad del espíritu (Vea Romanos 8:6), pero debemos elegir la mentalidad del Espíritu, que produce vida y paz. El amor es bueno y espera lo mejor de cada persona. ¿Cómo es posible esperar lo mejor de personas que nos han decepcionado una y otra vez? El amor olvida el pasado, y trata cada asunto de manera nueva. ¡Qué bueno sería ser totalmente faltos de malicia! Solo imagina la paz interior de la persona que jamás tiene un mal pensamiento. ¿Eres una persona maliciosa? Aprende a renovar tu mente y tener los pensamientos de Dios, quien a pesar de nuestros errores nos perdona y ama.

Él nunca se da por vencido con nosotros. Hay ocasiones en que sentimos que las fuerzas se acaban, que ya no podemos con los hijos o jóvenes, que las cosas se nos han ido de la mano. Ese es el mejor momento para descansar en el Señor a través de la oración. *"Todo lo sufre, todo lo cree, todo lo espera, todo lo soporta. El amor nunca deja de ser"* (1 Corintios 13:7-8). Las palabras *"nunca deja de ser"* son palabras muy interesantes. Significa que estamos juntos, que vamos atravesar por esto juntos, y vamos a pelear juntos hasta el final, no importa lo que cueste. ¡Nunca te des por vencido!

Se honesto contigo mismo. ¿Piensas que lo has hecho todo por recuperar el corazón de tu hijo, estás cansado o molesto porque no ves resultados, y has decidido no intentar un acercamiento?¿Estás pensando en rendirte?

_____

_____

¿Será que no has hecho nada desde el principio porque no sabes qué hacer, o tu dolor y tu orgullo pueden más que tu amor?

_____

_____

¿Estás orando por el regreso de tus hijos, ¿o ya no oras?

_____

_____

Algunos de ustedes están a punto de rendirse. Dios ha puesto este libro en tus manos aquí para decirle: ¡No te rindas! ¿Cómo te das cuenta si te estás dando por vencido? *"Jesús les contó a sus discípulos una parábola para mostrarles que debían orar siempre, sin desanimarse"* (Lucas 18:1 NVI). Cuando paras de orar. Cuando quieres darte por vencido es el momento de hacer lo posible con lo que está en tus manos, y descansar en que Dios hará lo imposible. Cuando comienzas a orar de nuevo, eso significa que tienes nueva esperanza.

Necesitamos ayudar a nuestros hijos a reconocer el recurso inva-   **¡NO TE RINDAS!** luable que tienen para resistir al diablo a través de la oración. La oración llegará a ser importante para tus hijos, conforme vean que tú la practicas. ¿Con cuánta frecuencia oras aparte de la oración antes de los alimentos? ¿Oras continuamente con, y por cada uno de sus hijos? La importancia que le das a la oración en tu hogar afectará de manera significativa la importancia que tu hijo le dé a la oración. Además de orar con tu hijo, necesitas orar por tu hijo de manera continua y específica. El padre del hijo pródigo no se rindió nunca. ¡No te rindas!

Antes de terminar este capítulo, tomemos un minuto para pedir a Dios que nos muestre las cosas que debemos cambiar. Esta es una palabra de Dios para muchos que están confundidos, preguntándose por qué las promesas de Dios no operan en su vida, a pesar de que las "reclaman" y declaran cada día. Y es que las promesas de Dios no pueden simplemente ser reclamadas. Deben ser heredadas cuando entramos en una relación de hijos con nuestro Padre. No se trata de hacer un montón de cosas espirituales, sino de vivir como hijos de Dios. Los *"hijos de Dios"* son aquellos que *"son guiados por el Espíritu de Dios"* (Vea Romanos 8:14–15), y trabajan por la paz.

Oremos:

"Señor, ayúdame a reconocer el conflicto, y a aprender a resistirlo. Ayúdame a ver la llegada del espíritu de contienda mucho antes de que haga estragos en mi hogar y mi vida. Dame gracia para no alimentar nunca el espíritu de contienda en mi vida, o en la vida de los míos. Te entrego mi necesidad de defenderme, de explicarme, de tener autoridad, y de querer estar siempre en lo correcto. Reconozco que tú eres el único que no te equivocas nunca. Aunque sienta que tengo razón en alguna situación, eso no justifica mis actitudes de contienda. Muéstrame mis pecados internos, aquellos de los que no soy consciente, y que detienen el poder y la bendición de Dios. Muéstrame cómo puedo restaurar la paz en mis relaciones. Amén."

13

AMA *lo que ellos* AMAN

*También el reino de los cielos es semejante a un mercader que
busca buenas perlas, que habiendo hallado una perla preciosa,
fue y vendió todo lo que tenía, y la compró* (Mateo 13:45).

Jesús contó una parábola acerca de un hombre que encontró una
perla de gran precio. El mercader le otorgó a la perla tanto valor
que no le importó deshacerse de sus otros bienes con tal de conseguirla. Al leer este pasaje pensamos acerca de la valía que el mercader
le dio a la perla. ¿Por qué sería tan valiosa?

Para responder a la pregunta debemos determinar qué es un valor o
qué es valorar. El diccionario define valorar como apreciar algo más
que a otras cosas. La otra acepción de valorar es tasar, poner un precio
a algo. Jesús describe el reino de los cielos como un mercader que se
dedica a buscar perlas. Cuando de pronto, encuentra una perla muy
valiosa. La tasó y le otorgó un valor mayor a cualquiera de sus otros
bienes. ¡La perla valía más que su casa! ¡La perla valía más que su campo! ¡La perla valía más que toda la mercancía que tenía acumulada!
Este mercader valoró la perla tanto, que no le importó desprenderse de
todo lo demás con tal de obtenerla. Para que la perla fuera suya, debió
deshacerse de otras cosas que tal vez amaba o apreciaba, pero que, en
relación a la perla encontrada, no eran tan importantes.

Vistas las cosas desde este punto de vista, las preguntas son:

¿Qué es para ti lo más importante?

_____

_____

¿Qué es valioso?

_____

_____

¿Qué es aquello por lo cual estarías dispuesto a entregarlo todo? ¿Tus hijos?

_____

_____

Tus acciones, ¿dan testimonio de tus palabras?

_____

_____

Las respuestas pueden ser muy variadas. Todo depende de cómo tasa las cosas. Muchos nos han dicho que por sus hijos son capaces de entregarlo todo. Nada es más importante que ellos, según nos dicen.

El mercader del que nos habla Jesús era similar. No le bastó con desear aquella perla preciosa, no solo la admiró. Para obtener aquello que deseaba ¡tuvo que realizar acciones! Yo no creo que para él fue fácil vender todo lo que tenía, no creo que para el juez fue fácil renunciar a su trabajo, pero era la única manera posible de obtener o mantener aquello que valoraban más. Hubo necesidad de sacrificar algo de menor valor para obtener lo más valioso.

¿Qué estarías dispuesto a sacrificar por tus hijos?

_____

_____

Al escuchar a las personas decir que lo más valioso de su vida es su familia, pensamos en la diferencia entre los valores predicados y los valores practicados. Lo explicaremos de la siguiente manera. Aquella misma persona que dijo que lo más importante de todo es su familia es la misma que no pasa tiempo con sus hijos. El exceso de materialismo le ha hecho creer que vale por el hecho de ganar dinero, y que dar cosas a sus hijos es lo más importante. Trabaja tanto fuera de casa que cuando llega, está tan cansado que no tiene nada para dar a su familia, y lo único que hace es sentarse a ver la televisión. Entonces, ¿es en realidad la relación con sus hijos lo más importante? No, de una u otra manera, en este caso, valora más su trabajo, el dinero que recibe por él, y aún su necesidad de descanso se valora más que la relación con los hijos.

Para algunos padres, es mucho más fácil faltar a un compromiso con sus hijos, que con un cliente más importante. Pero es mucho más importante hacer un compromiso con sus hijos que con su cliente más importante. Para un niño, una promesa no cumplida es lo mismo que una mentira.

Tenemos diversos ejemplos de valores predicados y no practicados. Viene en este momento a nuestra memoria aquel hombre que decía amar a Dios por sobre todas las cosas, y que su pasión era la oración. Y era cierto. Oraba fervientemente varias horas al día, pero maltrataba a su mujer. La golpeaba. Cuando leímos aquella escritura que dice que los esposos deben tratar a sus esposas con delicadeza para que sus oraciones no tengan estorbo, y le explicamos que si él no trata bien a su esposa, de nada le sirve todo el tiempo de oración, el hombre se negó a cambiar (Vea 1 Pedro 3:7). Todas las excusas fueron buenas: "Es que así he sido criado", "Es que ella no hace tal o cual cosa", pero en realidad ese no es el problema. El hecho es que este hombre valora más su deseo, su manera de ser, su orgullo, que su relación con Dios y la oración que tanto dice amar, ya que no estaba dispuesto a sacrificar otras cosas, con tal de no perder esa relación principal.

La Biblia nos da el ejemplo de Esaú, que valoró más un plato de comida, es decir, sus necesidades físicas, que su primogenitura. Adán y Eva apreciaron más su deseo de conocimiento que la obediencia a Dios, y por eso lo perdieron todo.

El corazón del hombre lo inclina hacia aquello que realmente ama. Si tú no estás dispuesto a sacrificar todo lo que tienes por algo, no importa lo que digas, eso no es lo más valioso para ti.

Por un momento quisiera que reflexiones sobre una persona más. ¿Ha pensado alguna vez qué fue lo que Jesús valoró más que nada? ¿Más que su vida misma? ¿Más que su trono en el cielo? ¿Más que su propia divinidad? La respuesta es muy sencilla. Jesús lo entregó todo por la salvación de la humanidad.

> *Haya pues en vosotros el mismo sentir que hubo también en Cristo Jesús, el cual, siendo en forma de Dios, no estimó el ser igual a Dios como cosa a que aferrarse, sino que se despojó a sí mismo, tomando forma de siervo, hecho semejante a los hombres y estando en la condición de hombre se humilló, haciéndose obediente hasta la muerte y muerte de cruz* (Filipenses 2: 5-8).

Ahora volvamos a la pregunta original: ¿Por qué? ¿Qué fue lo que motivó a Jesús a valorar tanto a la humanidad? Lo hemos hablado muchas veces, sorprendidos por ese gran amor cuya altura y profundidad ni siquiera podemos comprender. Pero hemos llegado a una conclusión asombrosa. Jesús ama tanto a la humanidad porque el Padre la ama. Jesús estuvo dispuesto a venir por los pecadores porque el Padre quería hijos, quería una familia con la cual compartir su gloria. El valor que tenemos para Jesús está basado, fundamentado, en el valor que tenemos para el Padre. Jesús ama a su Padre y porque lo ama, también ama a aquellos que el Padre ama. ¿Te has dado cuenta de eso?

Pongamos lo dicho en contexto en relación al tema de este libro. Jesús ama lo que el Padre ama. Y el Padre ama lo que Jesús ama. ¿Ama usted a sus hijos? ¡Claro que sí! No cabe duda de ello, por eso estás leyendo este libro. Entonces vamos a la segunda parte de la pregunta:

¿Amas lo que tus hijos aman?

_____

_____

¿Lo amas de tal manera que eres capaz del sacrificio para ganar su corazón?

_____

_____

¿Lo amas tanto como para negarte a ti mismo?

_____

_____

Si seguimos el ejemplo de Jesús, y aunque parezca un trabalenguas, mostramos nuestro amor a los que decimos amar, amando aquello que ellos aman. Y no se puede amar aquello que no se conoce.

Antes de que nos malentiendas, al referirnos a amar lo que ellos aman no estamos diciendo que debas ceder ante todos sus caprichos. Un niño llega al mundo casi sin poder sobre sí mismo. A

MOSTRAMOS NUESTRO AMOR A LOS QUE DECIMOS AMAR, AMANDO AQUELLO QUE ELLOS AMAN.

modo de compensación, utiliza una enorme energía para controlar a sus padres. El bebé necesita a sus padres casi todo el tiempo, y aprende rápidamente cómo lograr que ellos hagan lo que él quiere. Se puede decir que prácticamente deben estar al servicio del bebé. De otro modo, no podrá sobrevivir. Así es como comienza la historia del niño, y seguirá así a menos que tú intervengas.

Al igual que a los adultos, a los pequeños tampoco les agrada que se les recuerden sus límites. Quieren tomar sus propias decisiones, resolver sus propios problemas, y nunca tener que pedir ayuda o apoyo a nadie. Un elemento que forma parte del carácter de los niños es que piensan que pueden manejar a todos. Le llega en forma natural: ¡Adán y Eva pensaban que podían ocultarse de Dios! Los niños manipularán, mentirán, racionalizarán y distorsionarán, con tal de evitar los castigos.

A medida que el niño crece, debe desarrollar su propia capacidad para resolver sus problemas, de tal manera que no requiera que sus padres estén pendientes de él todo el tiempo. El objetivo para tu hijo es que deje de lado la idea de que puede controlar a los demás, y se comience a concentrar en controlarse él mismo. Recuerda que uno de los frutos del Espíritu es el dominio propio, y no el dominio sobre los otros. Tu trabajo como padre consiste en incrementar gradualmente el poder del niño sobre sí, y en reducir sus intentos de controlarte a ti y a los demás.

ES UN GRAN RETO FORMAR EL CARÁCTER DE UN HIJO PARA EL FUTURO.

Como hemos dicho antes, es un gran reto formar el carácter de un hijo para el futuro, comprendiendo que el hecho concreto debe ser visto como parte de un gran todo. ¡Lo estamos preparando para la vida!

Este objetivo respecto a la educación de los niños puede parecer agotador. Es mucho más fácil actuar de acuerdo con las circunstancias o hacer las cosas en forma natural, como lo sentimos en el momento, pero no estamos trabajando con el fin en la mente. Se requiere algo más profundo para formar el carácter de un niño. Y de él dependerá gran parte del rumbo que tome su vida.

Dones y aficiones

Desde nuestro punto de vista es fundamental encontrar en oración la voluntad de Dios para nuestros hijos, de tal manera que no los forcemos a ser o a hacer lo que nosotros pensamos o deseamos, pasando por alto su individualidad, sus dones y talentos, y por sobre todo, los planes que Dios tiene para sus vidas. Pedirles que enfrenten la vida haciendo cosas para las cuales Dios no los formó pondrá en ellos una carga adicional. Es como cuando Saúl le puso a David su armadura, y le pidió que luchara con ella. Por supuesto que David no podía ganar a Goliat con una armadura que no le pertenecía. De la misma manera, sus hijos no pueden ganar las batallas de la vida convirtiéndose en alguien más que ellos mismos. El Salmo 139 dice que Dios ha escrito en su libro lo que habremos de ser y hacer, aun antes de que naciéramos. El reto de cada padre y madre es descubrir cuáles son los planes de Dios para sus hijos, y lograr que estos se lleven a cabo.

La Biblia registra muchas historias de padres y madres a quienes el Señor les dio una palabra en relación a sus hijos, aún antes de nacer. Ya mencionamos a los padres de Sansón, y por supuesto, a María, la madre de Jesús. Pero hay muchos. Está Zacarías, el padre de Juan el bautista; o Rebeca, la madre de Jacob y Esaú, a quien Dios le mostró que el menor, Jacob, había sido elegido por sobre su hermano Esaú. Pero a pesar de que Dios les dio parte de la información, no les dijo todo, y por eso ellos no siempre supieron cómo debían actuar.

Por eso ahora queremos pedirte que hagas un esfuerzo para ver el cuadro completo. Habitualmente, en la crianza nos enfocamos en los problemas que nos ocupan en ese momento. Se convierte en un gran desafío pensar si enviamos a nuestros hijos a una clase de pintura o a la de música. Pero una de las metas de los padres es tener la mirada puesta en el futuro, y no en el presente únicamente. Recuerda que la meta es educar a nuestros hijos para que sean emocionalmente sanos, espiritualmente maduros y moralmente correctos. Y que por supuesto, desarrollen todo el potencial que Dios puso en su interior.

Cada ser humano ha sido fue creado para ser único, individual e importante, con una misión en la vida. Su sentir de valor personal viene del conocimiento de quién es. Por tanto, el valor propio no es asunto de las habilidades, los talentos, la inteligencia o la hermosura. El valor propio es asunto de identidad. Y es la familia quien debe darnos esta identidad.

Descubrir su propósito y pasión es un reto difícil. Sin embargo, si has estado cercano al corazón de tus hijos y observas con detenimiento, podrás detectar sus gustos,

ES LA FAMILIA QUIEN DEBE DARNOS ESTA IDENTIDAD.

dones y talentos desde pequeños. Serán sabios el padre y la madre que puedan celebrar la singularidad de cada hijo, mostrando interés genuino en sus actividades particulares. Al determinar sus dones y habilidades, descubrirán el designio de Dios para su vida. De seguro el Señor los ha equipado con todo lo necesario para que tengan éxito dentro de ese propósito. La siguiente tarea será encauzarlos para que cumplan ese plan.

Si a uno de ellos le gusta el deporte y a otro la lectura, eso no quiere decir que uno haga bien y el otro mal. Supongamos que tu hija quiere entrar en un equipo de voleibol mientras que su hermana desea aprender a cuidar flores. Si a ti te interesan más los deportes que los animales, quizás te sientas tentado a insistir en que las dos jueguen voleibol. Parecería que eso fue lo que sucedió en la familia de Isaac y Rebeca. Isaac amaba más a Esaú porque era hombre de caza, como él; pero a Jacob le gustaba más estar con su madre en las tiendas. Por eso vemos una Rebeca montando toda una trama para obtener la bendición del padre para Jacob. Estaba en los planes de Dios que Jacob sería bendecido, pero no estamos seguros de que la forma en que ella obtuvo esa bendición para su hijo fue la correcta.

Volviendo al ejemplo de las dos hermanas, para que te ganes el corazón de ambas niñas mediante la afirmación y el aprecio, necesitas invertir tu tiempo en aprender y apreciar los intereses especiales de cada una. De lo contrario, si exiges a quien le gusta la jardinería que deje su pasión por el deporte que a su hermana le agrada, podrías estar robándole su futuro. Con frecuencia los hijos aceptan el plan que los padres tienen para ellos, y obedecen sus normas. Sin embargo, al llegar a la madurez, resienten el hecho de no haber podido ser y hacer lo que su corazón les dictaba. Reconocer sus dones y talentos como un regalo de Dios para la humanidad es fundamental, igual que impulsarlos para que puedan cumplir su meta en la vida.

No disciplines o castigues porque tus hijos no tienen sus mismos intereses; recuerda que no tienes que hacerlos a tu imagen y semejanza, sino a la de Dios. Ellos son individuos únicos y particulares, y es así como debemos tratarlos. Es preciso, padres y madres, que aprendan a aceptarlos tal como son, sin comparar a unos con otros. Respetar las diferencias es necesario para que puedan crecer con una sana valoración, y su corazón esté cerca del suyo.

Amar lo que ellos aman es fundamental. Los hijos aman a sus padres, ellos aman a sus madres. Es por eso que se dice que lo mejor que un padre puede hacer por sus hijos es amar a la madre de ellos. Porque ellos aman a su madre. Y lo peor que se puede hacer es hablar mal y dañar la imagen de su padre o de su madre, ya que no importa lo malos que sean, para un hijo o una hija, siempre serán sus padres.

Amigos y novios

¿Qué piensas de amar a sus amigos, o a su novia o novio? Ese es un desafío cuando los padres han soñado con grandes cosas para sus hijos. No decimos que todos los amigos sean buenos, ni que cada persona a la que su hijo invita a salir debe ser tratada ya como su nuera. Amar en este caso significa darles la oportunidad de conocerlos en primer lugar, y orar por ellos intensamente en segundo lugar. Nosotros creemos que orar es una manera de amar. No puedes negarte a aceptar al amigo de tu hijo sin antes haber orado por él. Si después de un tiempo de oración profunda, en tu corazón sientes que esa persona no es la adecuada para estar cerca de los suyos, dependiendo de la edad de ellos deberás o prohibir la amistad si son pequeños, o dar un consejo si es que son adultos.

La meta de criar hijos es que podamos dejarlos ir algún día. Cuando crecen, la tarea no se acaba; solo se transforma. La relación con los hijos adultos será de mentoría y amistad, no ya con la autoridad que sobre ellos teníamos cuando eran niños. La oportunidad de formarlos ya pasó; ahora solo debemos ser sus consejeros.

Es necesario dar a los hijos raíces, pero también alas para que puedan volar. Nuestro objetivo debe ser lograr una separación amistosa e independiente; no controlar su vida de tal manera que vivan en una dependencia total a los padres. Nuestra meta debe ser ver que lleguen a depender primordialmente de Cristo y de su Palabra, y que sean interdependientes con sus cónyuges cuando lleguen al matrimonio. Esa es la clave para mantener una buena relación con la familia política.

Para los suegros es difícil comprender que ellos no son ya los que mandan sobre su hijo o hija, y el yerno o la nuera. Esa es otra familia. Será preciso establecer lazos de amor y amabilidad, sin intervenir más allá de lo que están llamados a hacer. Se necesita sabiduría y firmeza para mantener esta relación sin que haya problemas.

Cuídate de influir sobre tus hijos y de provocar contiendas en la casa. Dios nos ha llamado a ser pacificadores, y no hacedores de guerras. El padre y la madre de un hijo casado deben ser muy cuidadosos al ofrecer su consejo sobre la crianza de los nietos, por ejemplo. Aún cuando los padres pregunten, se debe ser consciente que no es una obligación el obedecer el consejo que los suegros han dado.

Amar al cónyuge de tus hijos no siempre es fácil. Cada padre tiene los mejores sueños, anhelos y expectativas para ellos, y en ocasiones la realidad no coincide con ese sueño. Hemos visto padres que, por cualquier razón (y pueden tener muchas), no aceptan a la persona que sus hijos han escogido como sus compañeros de vida. Luego se asombran del distanciamiento de su propio hijo o hija, y de los nietos. Amar a quien ellos aman muestra honra y respeto, y estas dos cosas acercarán tu corazón al suyo. Una vez más, mientras tu elección no vaya en contra de los principios básicos de la Palabra de Dios, debes tratar de tener una buena relación con él o ella, tan solo por amor a tus hijos. Si se equivocan y les va mal, podrás estar cerca para levantarlos nuevamente. Al contrario, si los has alejado, ellos no tendrán a quién volver en caso de necesitar tu apoyo.

AMAR A QUIEN ELLOS AMAN MUESTRA HONRA Y RESPETO.

Ninguna de las cosas que hemos hablado en este capítulo es fácil. Pero, ¿habría sido fácil para el mercader deshacerse de sus posesiones por la perla de gran precio? ¡De ninguna manera! ¿Lo sería para Jesús dejar su trono del cielo para morir en una cruz? Por supuesto que no. Mas él pesó en una balanza, y encontró algo más valioso. ¿Qué podría ser eso? Ganar a la humanidad perdida a la que el Padre quería recuperar. Dice la Biblia que por el gozo puesto delante suyo, Él pudo sufrir la cruz. El gozo de Jesús fue ver restaurados tu corazón y el mío. Y para Él, valió la pena el sacrificio.

Si el corazón de tus hijos es para ti la perla de gran precio, también valdrá la pena todo lo que hagas para ganarlo, recuperarlo, y restaurarlo.

14

La IMPORTANCIA de las COSAS pequeñas

Atrapen las zorras, las zorras pequeñas que arruinan nuestros viñedos, nuestros viñedos en flor (Cantares 2:15 NVI).

Detalles, cosas pequeñas marcan la vida de quienes nos rodean. Jesús estaba apurado, tenía que ir pronto a la casa de Jairo, nadie lo quería interrumpir. El principal de la sinagoga lo había llamado para que orara por su hija a punto de morir. Ninguno, estando enterado de la urgencia de la misión, hubiera procurado causar una demora a la misión de vida o muerte del Señor. Jesús se desplazaba a la mayor rapidez posible, con los discípulos abriéndole camino.

Mientras Jesús iba con Jairo, las multitudes lo rodeaban. Una mujer de la multitud hacía doce años que sufría una hemorragia continua y no encontraba ninguna cura. Acercándose a Jesús por detrás, le tocó el fleco de la túnica. Al instante, la hemorragia se detuvo. «¿Quién me tocó?», preguntó Jesús. Todos negaron, y Pedro dijo:—Maestro, la multitud entera se apretuja contra ti. Pero Jesús dijo:—Alguien me tocó a propósito, porque yo sentí que salió poder sanador de mí. Cuando la mujer se dio cuenta de que no podía permanecer oculta, comenzó a temblar y cayó de rodillas frente a Jesús. A oídos de toda la multitud, ella le explicó por qué lo había tocado y cómo había sido sanada al

instante. «Hija —le dijo Jesús—, tu fe te ha sanado. Ve en paz»
(Lucas 8: 42b-47 NTV).

Sería casi imposible imaginar un plan con mayor probabilidad de fracaso que el de la mujer. Las grandes multitudes que seguían a Jesús hacían casi imposible que las personas débiles se le pudieran acercar.

El Señor caminaba rápidamente hacia la casa de Jairo, pues su hija estaba enferma. De pronto se detiene, alguien le ha tocado y sabe que poder ha salido de él. Entonces se detiene y pregunta: "*¿Quién me tocó?*". Nadie lo sabía. La mujer que tocó el borde de la túnica de Jesús no tenía nombre; ni aún ahora sabemos cómo se llama. Pobre, con una enfermedad incurable y su impureza ceremonial, ella no era *nadie*. Sin nombre ni identidad. Pero para Jesús era importante. Es más, por un breve tiempo fue el centro de atención de Jesús, sus discípulos, y hasta los mensajeros de la casa de Jairo. Toda actividad cesó hasta que se entendió por completo lo que le ocurrió a ella. Se tomó el tiempo para hablar con ella y darle identidad. Sus palabras lo demuestran: *«Hija, tu fe te ha salvado; ve en paz»*. Ese día, una persona que no era nadie para los hombres, se volvió «alguien» importante. Se convirtió en «hija de Dios». ¿Cree usted que el corazón de esa mujer olvidó alguna vez ese encuentro? De seguro que no. Su vida entera cambió por Aquel que tuvo tiempo para ella.

El Jesús que relatan los evangelios encuentra tiempo para los niños, y considera a los marginados de la sociedad. Él se fija en los gorriones. Él se fija en los detalles. No son las grandes cosas las que lo impresionan, sino la ofrenda de una pobre viuda que le da a Dios todo lo que tenía. Mientras los demás observaban a los grandes dadores, Él se fijaba en los pequeños.

El tiempo apresurado se detuvo un momento para la mujer. Jesús transformó un instante en algo que perduraría por toda su vida. Mientras esto ocurría, el principal de la sinagoga esperaba la llegada de Jesús a su casa. Jesús no llegó, y la hija de Jairo falleció. ¿Por qué dejaría Jesús que una que no era «nadie» lo detuviera mientras la hija del principal de la sinagoga moría? ¿Por qué se permitiría Jesús llegar «demasiado tarde»?

Jesús sabía que su misión fundamental era ir a la cruz para traer salvación y vida eterna a la humanidad perdida. Su corazón estaba dispuesto a morir en la cruz por cada persona. Esa era la gran obra, la gran batalla, pero aún así, tenía tiempo para los pequeños detalles de personas insignificantes. Para ser un cristiano verdadero, no solo debemos estar dispuestos a seguir los pasos de Jesús; también debemos observar sus paradas.

Jesús amó a las personas, las tocó, las alimentó, lloró con su dolor, y compartió su alegría. Jesús se mezcló con la gente, fue al mercado, y sabía cuando el dinero no alcanzaba para llevar la comida a la casa. Buscó a las personas en el trabajo y en sus casas, comió con ellos, habló con ellos, los escuchaba, y los atendía. Él amó a las personas. Oró por ellas y lloró con ellas. Todas las personas que sanó: el ciego, el hombre cojo, los enfermos, el paralítico, el joven que había muerto. Transformó las vidas de Nicodemo, Zaqueo, o María Magdalena. Todos los que se encontraron con Él encontraron una respuesta para su necesidad. Fueron transformados, hallando la sanidad, el perdón, el descanso, la liberación y la vida eterna. Él se detuvo por esa simple mujer, y nos enseña a detenernos ante la necesidad de los demás.

La vida es corta, el tiempo pasa muy rápido, y los sentimientos son intensos. Detenerse, dar una palabra, una acción y una mirada puede transformar el corazón de tus hijos para siempre. Una relación saludable es aquella en la que cada persona se siente valorada, respetada y amada.

Tal vez pienses que Dios está muy ocupado y no tiene tiempo para ti, pero el Señor está interesado en tu vida tanto como en la de la mujer de esta historia. Quería escucharla y decirle que su fe no le dio solo sanidad, sino también una relación eterna. No hay nadie

> **UNA RELACIÓN SALUDABLE ES AQUELLA EN LA QUE CADA PERSONA SE SIENTE VALORADA, RESPETADA Y AMADA.**

que no tenga importancia para Él. Dios no está interesado únicamente en las grandes batallas, sino en las pequeñas luchas diarias que tus hijos tienen. Él es un Dios de detalles. Detalles, cosas pequeñas que marcan la vida de quienes nos rodean.

Y el apóstol Pablo dice que nuestra actitud debe ser semejante a la de Jesús:

> *Haya, pues, en vosotros este sentir que hubo también en Cristo Jesús, el cual, siendo en forma de Dios, no estimó el ser igual a Dios como cosa a que aferrarse, sino que se despojó a sí mismo, tomando forma de siervo, hecho semejante a los hombres; y estando en la condición de hombre, se humilló a sí mismo, haciéndose obediente hasta la muerte, y muerte de cruz* (Filipenses 2:5–8).

¿Serías capaz de hacer lo que hizo Jesús? Mirar a los demás como superiores. Eso incluye a quienes tienen menos títulos universitarios, a los que tienen menos dinero, a los más jóvenes, a su cónyuge, pero sobre todo a tus hijos. Mirar sus necesidades, preocuparse por las cosas pequeñas, asistir a sus obras teatrales y deportivas, estar dispuesto para escuchar sus problemas, levantarse en la noche cuando tienen temor y permanecer a su lado cuando amigos o enamorados los decepcionen. Todas esas cosas marcarán la diferencia en sus vidas.

Padres y madres están dispuestos a donar un órgano vital si se requiere, y pueden quitarse el pan de la boca por sus niños. Muchos se "matan" trabajando para que no les falte nada. Pero fallan en los pequeños detalles rutinarios a los que no les dan la debida importancia. Las pequeñas cosas, las pequeñas bondades son importantes, pero así mismo las pequeñas asperezas y faltas de respeto. Son aquellas pequeñas divisiones, heridas y ofensas que surgen dentro del propio hogar las que lo derriban. Esas son las cosas importantes, tanto que si no les damos importancia, irán menguando nuestras relaciones sin que nos demos cuenta de ello. No son las grandes cosas las que separan la familia. Somos capaces de hacer grandes sacrificios por los que amamos, pero fallamos en aquellas pequeñas cosas de todos los días, como detenernos a escuchar un pequeño problema.

Al igual que las leyes naturales, existen leyes espirituales. El desconocer la ley no impide que esta ejerza su función. En las relaciones humanas, hay leyes que debemos observar para fortalecer y mantener la conexión. Una de las más elementales es la ley de sembrar y cosechar.

Esas pequeñas cosas que hacemos por nuestros hijos cada día se convierten en depósitos, o siembra para los días malos. Antes de seguir ilustrémoslo con una imagen de la cuenta de bancos. En ella efectuamos depósitos, y establecemos una reserva de la que podríamos disponer cuando la necesitemos. Los expertos financieros dicen que la clave para tener una gran reserva, no está en la cantidad del depósito. Lo importante, dicen ellos, es hacer pequeños depósitos durante un largo tiempo.

Si cada día depositas en el corazón de tus hijos cortesía, honestidad, amabilidad y lo haces a largo plazo, tu reserva crecerá exponencialmente. En caso de que te equivoques, podrás apelar a esa reserva si tus depósitos han sido constantes. Si por el contrario, no has hecho ningún tipo de depósito en esa cuenta, y solo pretendes hacer retiros, quedarás sobregirado. Jamás olvides que en una relación, las cosas grandes son las cosas pequeñas.

Mencionamos ya que las semillas que escogemos se siembran en las vidas de los que nos rodean. Si te impacientas con tus hijos, y no eres cortés al responder, podría

DEPOSITA CORTESÍA, HONESTIDAD Y AMABILIDAD EN EL CORAZÓN DE TUS HIJOS.

ser que estés retirando grandes cantidades de dinero aunque para ti fue una cosa muy sencilla o del momento. Tal vez no le diste importancia, pero ese sencillo acto puede anular todo el bien que has hecho hasta ese momento. En el momento que eres consciente de que hiciste un pequeño retiro, debes arrepentirte.

Jesús habla fuerte con aquellos que se creen los mejores.

Al Señor le molestan esas personas que se creen las mejores; que solo piensan en ellas (Vea Mateo 23: 5-7). ¿Cómo puedo amar a otros si tengo los ojos fijos en mí?

Jesús nunca perdió de vista el árbol en medio del bosque. Habló de manera sencilla para que los simples lo entendieran. Se detuvo ante la necesidad de los niños y los más vulnerables. Si Jesús tiene tanta disposición para honrar a los más pequeños, ¿no podemos hacer lo mismo con nuestros hijos? Haz de ellos una prioridad. Acepta tu parte en su plan. Jesús lavó los pies a sus discípulos, y nos sirve a nosotros de la misma manera. Cada mañana nos regala belleza, y cada noche nos ofrece descanso. Es lo que hace el amor. Todos podemos hacer dos cosas en la vida: desperdiciarla o invertirla. El mejor uso es invertirla en algo que perdure. Entonces, ¿qué puede ser mejor que invertirla en nuestros hijos? Tienes cientos de oportunidades para hacerlo cada día en su casa.

EL AMOR PIDE, NO EXIGE. ¿Quieres ganar el corazón de los tuyos? Imita el ejemplo de Jesús quien, lejos de obligarnos, nos atrae con cuerdas de amor. El amor pide, no exige. Tu amor, un amor que te permitirá mirar el mundo con los ojos de Jesús. Al fin al cabo, ¿no dice la Biblia que tenemos la mente de Cristo?

Él se preocupa por los detalles. Haz lo mismo y verás la diferencia.

15

Un INGREDIENTE *indispensable:* ORACIÓN

"Uno es íntimo de aquel a quien ora, de aquel con
quien ora y de aquel por quien ora." Ed Cole

"**¿Qué** podemos hacer, pastor?" "¡Vamos a orar!", fue la respuesta. En ese momento pensamos que esa respuesta es la más fácil cuando no hay una solución clara. Pero en realidad, es la más compleja, y un consejo de gran valía. Para muchos, la oración es una forma de perder el tiempo inútilmente. Ellos razonan de esta manera: Si Dios es poderoso y hace lo que Él quiere, si va a hacer algo sin importar si oramos o no, entonces orar es solo perder el tiempo, y no necesitamos otra cosa que nos haga perder el tiempo. La mayoría de las personas creen eso. No tienen vida de oración, porque no ven la necesidad de orar. Tienen una perspectiva fatalista del futuro. Mas nosotros estamos seguros de que la oración no es una opción, sino una necesidad.

¿Por qué orar si Dios no puede ser afectado por lo que hagamos? ¿Por qué orar si Dios lo sabe

LA ORACIÓN NO ES UNA OPCIÓN, SINO UNA NECESIDAD.

todo? ¿Por qué orar si Dios lo controla, y lo predetermina todo? ¿Por qué orar si el enemigo ya fue vencido? ¿Por qué orar por los perdidos si es la voluntad de Dios que todos seamos salvos? Todas estas son preguntas válidas, y para contestarlas, tenemos que entender primero la verdadera naturaleza de Dios y el propósito de la oración.

Pero, sí, John Wesley tenía razón cuando dijo: "Dios no hace nada en la tierra excepto como respuesta a la oración que cree". Entonces esto debería quitarnos el sueño, cambiar el estilo de vida, apagar la televisión, y comprometernos con Dios para tener un tiempo diario de oración.

Marta estaba recargada porque tenía mucho qué hacer. Entonces, se acercó a Jesús y le preguntó: *"Señor, ¿no te importa que mi hermana me haya dejado sirviendo sola? ¡Dile que me ayude!"* (Lucas 10: 40 NVI) *"Marta… se sentía abrumada porque tenía mucho que hacer."* ¿Se identifica con Marta? En ocasiones vemos a los padres abrumados por la situación con sus hijos. Están afanados, preocupados, tratando de hacer mil cosas para ganarlos. Igual que Marta, quien consideró una pérdida de tiempo estar a los pies de Jesús. *"Marta, Marta… estás inquieta y preocupada por muchas cosas, pero solo una es necesaria"* (v. 42). ¿Qué es esa cosa necesaria? Los evangelios dicen que la elección de María fue mejor. Ella escogió estar a los pies de Jesús. Y el Maestro dijo que esa era *"la mejor parte".*

En un mundo de actividad en el que pensamos que el hacer es lo importante, es preciso encontrar un tiempo y un lugar para estar a los pies de Jesús, escuchando su enseñanza y derramando nuestro corazón ante Él. Es que es preciso trabajar como si todo dependiera de nosotros, y orar como si todo dependiera de Dios.

Tenemos un Dios que ama, cuida, enseña, consuela, y dirige a sus hijos. Es paciente, cariñoso, tierno, dadivoso y amoroso en todo sentido, mucho más que cualquier padre.

> *Pues si ustedes, aun siendo malos, saben dar cosas buenas a sus hijos, ¡cuánto más su Padre que está en el cielo dará cosas buenas a los que le pidan!* (Mateo 7:11)

Y está dispuesto a darnos «*mucho más abundantemente de lo que pedimos o entendemos*» (Efesios 3:20) ¿La condición? Que se lo pidamos. Él desea dar cosas para sus hijos. Pero también nos dice que es preciso que pidamos. «*Sin embargo, no tienen lo que desean porque no se lo piden a Dios*» (Santiago 4:2b NTV).

Estamos convencidos de que la oración es el ingrediente que falta en muchas familias que dicen haberlo probado todo para ganar a sus hijos.

Los discípulos se dieron cuenta de que en la vida de Jesús había un ingrediente especial que no habían conocido antes. Después de convivir diariamente con Él y haber aprendido tanto, comprendieron que todos los milagros de Jesús eran el resultado de una vida constante de oración. Por ello le dicen: «*Señor, enséñanos a orar...*» (Lucas 11:1 NTV). Esta petición no provenía de hombres que no supieran cómo orar. Es el clamor del corazón de quienes ven en Jesús la relación poderosa con Dios, y que siempre han anhelado tener. Ellos se dieron cuenta de que había un ingrediente especial que no habían conocido antes. Comprendieron que era la manera como Jesús oraba la que garantizaba su éxito.

Ellos entendieron que la clave del ministerio de Jesús no era las cosas que hacía, sino su tiempo de oración diario. Su conexión con el Padre le permitía hacer los milagros y prodigios que los discípulos vieron. El Padre era la fuente, ellos lo sabían, y por eso le pidieron que les enseñara a orar. Al enfrentarnos al reto de criar hijos con un corazón para Dios y cercano al nuestro, esa debería ser también nuestra petición: ¡Dios, por favor, enséñame a orar! ¿Cómo podemos orar por nuestros hijos? ¿Por aquellos que están lejos? ¿Por los que se encuentran perdidos en el mundo?

Es interesante ver que Jesús no les dijo solamente: orar es hablar con Dios, hablen con Dios y ya. Lo que Jesús hizo a partir de ese momento fue instruirles en la forma cómo debían orar; cómo habían de presentarse ante el Padre. Nos parece que tenemos grandes fallas en este ámbito. Y es que cuando una persona acepta al Señor nuestra primera recomendación es que ore y lea la Palabra. Les decimos lo mismo a los hijos. Pero la mayoría de las personas no saben cómo orar. Entonces le damos una sencilla recomendación, y le decimos: "Orar es hablar con Dios". Y nada más. Pero no es tan sencillo. La oración sí necesita instrucción para que sea eficaz.

La respuesta de Jesús a la petición de sus amigos no fue la trillada frase: "Orar es hablar con Dios". Lejos de eso, Él se toma el tiempo para enseñarles lo que hoy llamamos el "Padre nuestro", que en realidad es un maravilloso modelo de oración. La tarea principal de un pastor no es orar por ti; es acercarte más hacia Dios y enseñarte cómo tener intimidad con Él. Esa es también la tarea de un padre: enseñar a sus hijos a orar para que tengan esa relación íntima que todos necesitamos. Fíjate que los discípulos vieron a Jesús orar, y por eso le pidieron que les enseñara. Tus hijos necesitan verte orando, dependiendo de Dios. El ejemplo que tú les des marcará su vida.

Debemos orar al Padre, dijo, Jesús y pedirle que Su voluntad sea hecha en la tierra. Eso quiere decir que hemos de orar con propósito. Sabemos que la voluntad de Dios es buena, santa agradable y perfecta, pero no puede ser hecha si no se la pedimos. No se trata de orar por orar, sino de traer la voluntad de Dios a la tierra, a mi familia, y a tu vida y la de tu familia a través de la oración.

Respecto a la relación de padres e hijos, la Biblia menciona claramente cuál es el deseo de Dios y el trabajo de Su Espíritu en estos postreros tiempos (Vea Malaquías 4:6). No cabe duda de que el deseo de Dios es de reconciliación y unidad entre padres e hijos. Y lograrlo es la tarea del Espíritu Santo. Ese es su anhelo, su deseo, su instrucción, pero para que se haga realidad, es preciso que se lo pidamos.

En cierto sentido y aunque parezca atrevida la frase, no es el cielo el que gobierna la tierra, sino la tierra la que gobierna el cielo.

> *Les aseguro que todo lo que ustedes aten en la tierra quedará atado en el cielo, y todo lo que desaten en la tierra quedará desatado en el cielo. »Además les digo que si dos de ustedes en la*

tierra se ponen de acuerdo sobre cualquier cosa que pidan, les será concedida por mi Padre que está en el cielo. Porque donde dos o tres se reúnen en mi nombre, allí estoy yo en medio de ellos (Mateo 18: 18-20 NVI).

Para que algo sea hecho en el cielo, tiene que ser pedido en la tierra. La acción de la tierra es la que gobierna en el cielo. Algunos pensarán que es una herejía decir eso, otros argumentarán que un Dios omnipotente no "necesita" nada, incluyendo nuestras oraciones. Pero estamos convencidos de que sí, porque así nos lo muestra la Biblia.

Podría ser que su hijo o hija se haya apartado del Señor, y no esté viviendo bajo la protección de nuestro Dios. Quizás se encuentre en peligro, sin embargo, él puede alcanzar la misericordia y protección de lo Alto por su oración. ¿Lo ha pensado así? Dios quiere reintegrar las familias, pero necesita que se lo pidamos. Él quiere salvar, sanar y traer restauración. Tu oración define el destino del mundo, de tu familia y de tus hijos.

Ciertamente tú no puedes obligar a Dios a hacer algo que Él no quiere hacer, pero tampoco hará lo que deseas hacer si no se lo pides. Es allí donde yace la diferencia entre la voluntad permisiva y la voluntad perfecta de Dios. Lo compararemos a una cisterna de agua. El tanque puede estar lleno, pero si usted no abre la llave, el agua no saldrá. Cada uno de nosotros es capaz de cerrar la llave, e impedir que las bendiciones de Dios fluyan o de abrirla por medio de nuestra oración. El agua sigue allí, el poder de Dios está allí, su deseo de bendecirnos permanece, pero somos nosotros quienes abrimos o cerramos la llave. Una cosa es el deseo de Dios, otra es que se haga realidad a través de tu oración.

> **TU ORACIÓN DEFINE EL DESTINO DEL MUNDO, DE TU FAMILIA Y DE TUS HIJOS.**

Piensa en las luchas que diariamente pelean tus hijos, y los ataques del enemigo que deben enfrentar. Aunque no estés junto a ellos, tu oración influirá en la batalla y alcanzará la victoria para ellos. Aunque parezca que tu oración no sirva de nada, no bajes los brazos todavía.

Por supuesto, Dios es plenamente capaz de llevar a cabo acciones por su propia voluntad y poder soberano, sin considerar nuestro papel intercesor. Muchas veces le reclamamos a Dios por lo que pasa en el mundo, por el dolor y la necesidad que vemos a nuestro alrededor, por la situación de nuestra familia. Pero no olvides que Él nos ha invitado a ser sus colaboradores. Es más, Él no solo nos invita a asociarnos con Él; insiste en que así sea.

> *Así, pues, nosotros, como colaboradores suyos, os exhortamos también a que no recibáis en vano la gracia de Dios"* (2 Corintios 6:1).

La palabra colaboradores significa aquellos que cooperan, aquellos que ayudan, que trabajan juntos. Dios tiene muchos planes y propósitos para tus hijos, que podrían no llegar a cumplirse sin intercesión. De hecho, Jesús llevaba a cabo la voluntad del Padre por medio de la oración. ¿Quiénes somos nosotros para no necesitar la oración?

¿Para qué sirve la oración? En primer lugar para ayudarnos a ser más como Él. Dios nos creó para que reflejemos su amor, su bondad, su misericordia, su santidad, su paz, su autoridad y su poder, en resumidas cuentas, su carácter moral. Es a través de la oración que podemos desarrollar el carácter de Dios en nuestra vida.

En uno de los capítulos anteriores hablamos acerca de la necesidad de trabajar en nuestro propio carácter para acercar el corazón de los hijos al nuestro. Lo llamamos trabajo interno. Es necesario hacer ese trabajo para ser mejores padres y personas más agradables, de tal manera que nuestros hijos quieran estar junto a nosotros. Jesús dijo que la oración era necesaria para vencer la carne, y todos sabemos que la naturaleza carnal es una de las grandes razones por las que tenemos conflictos familiares.

¿Has visto cómo parejas que tienen mucho tiempo de casados empiezan a parecerse? El contacto permanente, el compartir cosas, el vivir juntos, va modificando nuestros hábitos personales. De la misma manera, el contacto permanente con Dios, nos ayudará a transformarnos a Su imagen. Solo cuando lo vemos como es, mediante la revelación y la manifestación de su carácter, podremos ser transformados a Su imagen.

A medida que mantengas tu tiempo de oración, tendrás mayor intimidad con Dios, a quien oras; y con tu compañero o compañera de oración, que es con quien oras. De allí que nuestro consejo es que los matrimonios oren juntos.

El apóstol Pablo nos llama a usar armas espirituales ante las fortalezas levantadas en el interior del ser humano (Vea 2 Corintios 10: 3-5 NTV). ¿Cuáles son esas armas poderosas? La oración de acuerdo que hemos mencionado ya, orar según la Palabra de Dios, la oración en el Espíritu Santo, y el ayuno. Todas esas son armas más poderosas y eficaces para pelear por el corazón de sus hijos que reñir todo el tiempo con ellos.

También se es íntimo con aquel por quien se ora. Si estás orando por un hijo o una hija cuyo corazón está lejos del tuyo, ten por seguro que algo sucederá entre ustedes. El Espíritu Santo hará una obra y aquel hijo que, aparentemente no quiere tener ninguna relación contigo, sentirá algo diferente en su interior.

Puedes no escuchar sus palabras, puedes alejarse de sus brazos, puedes escapar de su mirada, pero no podrá huir de la presencia de Dios (Vea Salmo 139). No importa a dónde corran sus hijos, Dios los alcanzará donde quiera que vayan.

SE ES ÍNTIMO CON AQUEL POR QUIEN SE ORA.

(JIMMY) Como lo mencioné, yo estaba apartado de los caminos del Señor, pero sabía que mi madre y mi abuela oraban por mí. Por eso, aún cuando hacía cosas indebidas, como manejar en estado de ebriedad, me sentía seguro, pues tenía la certeza de que Dios me cuidaba. Mi fe descansaba en las oraciones de mi madre y mi abuela. Por fin un día mientras viajaba a exceso de velocidad por las carreteras de nuestro Ecuador (la montaña de un lado y el precipicio del otro), tuve un accidente. El eje de mi vehículo se rompió, y este salió disparado hacia el abismo. Sin poder hacer nada más, solo dije: "¡Dios mío!". De pronto, el carro volvió a la vía, y se arrastró como cien metros por la cuneta. Cuando paró, me bajé asustado. El chofer del camión que iba detrás de mí se bajó y me dijo: "¿Cómo hizo usted eso?". No sabía de que hablaba, y entonces me dijo: "Fue como si una mano del cielo hubiera tomado su carro, y lo hubiera metido nuevamente en la vía". Entonces escuché la voz que me dijo: "Te he cuidado por las oraciones de tu madre y de tu abuela, ahora estás solo". Ese fue un momento terrible. Me sentí transportado de este mundo a un lugar en el que no había nada. Las oraciones de mi madre y mi abuela eran como mi amuleto que me daba seguridad, porque yo sabía que ellas oraban por mí. Las había visto. Tenía la certeza de que su fe era real, y de que Dios me había cuidado por ellas. De pronto, toda la base de mi confianza se fue, y me sentí solo. Regresé a casa, y ese mismo día me había llamado un pastor que llegaba a vivir en nuestra ciudad para iniciar la obra que hoy pastoreo.

Mi madre y mi abuela oraron quince años sin desmayar, quince años de mantenerse creyendo en las promesas del Señor. Jamás dejaron de orar. Quince años hasta que el Señor me llamó. Yo soy un testimonio vivo de lo que la oración puede hacer. Ellas lograron su milagro: el milagro de la salvación.

Vistas las cosas de esta manera, orar no es una pérdida de tiempo, ni una penitencia que pagar. Tampoco es el refugio de los débiles; más bien es un lugar al cual solo los fuertes se atreven a acceder. La oración es un privilegio que podemos y debemos usar para acercarnos a nuestro Padre celestial, conocerlo mejor, aprender de Él, de su carácter, y recibir la visión y la misión como sus colaboradores en la tierra. Es el tiempo mejor invertido en una relación porque produce una intimidad que no se puede lograr de ninguna otra manera. Orar trae revelación a tu vida, trae fortaleza y paz, y desata el poder de Dios a favor de los tuyos.

¡Persevera; insiste en orar!

Sin embargo, uno de los problemas más graves, y que le roba todo el poder que tiene a la oración es la falta de perseverancia. Los padres no saben cómo mantener una vida de oración constante. Comienzan muy bien, oran un día, después al día siguiente, cumplen su primera semana, y luego poco a poco dejan de orar.

Probablemente fue por esa tendencia que Jesús habló de la necesidad de orar sin desmayar. No encontramos otro versículo que diga: tener paciencia sin desmayar o amar sin desmayar. El apóstol Pablo dijo que debíamos orar en todo tiempo; *"Orad sin cesar"* (1 Tesalonicenses 5:17). Él sabía que no tenemos la constancia que deberíamos, y que fácilmente perdemos la conexión, corriendo tras los afanes de este mundo.

Analicemos un momentito la enseñanza de Jesús sobre este tema.

Les dijo también: ¿Quién de vosotros que tenga un amigo, va a él a medianoche y le dice: Amigo, préstame tres panes, porque un amigo mío ha venido a mí de viaje, y no tengo qué ponerle delante; y aquél, respondiendo desde adentro, le dice: No me molestes; la puerta ya está cerrada, y mis niños están conmigo en cama; no puedo levantarme, y dártelos? Os digo, que aunque no se levante a dárselos por ser su amigo, sin embargo por su importunidad se levantará y le dará todo lo que necesite. Y yo os digo: Pedid, y se os dará; buscad, y hallaréis; llamad, y se os abrirá. Porque todo aquel que pide, recibe; y el que busca, halla; y al que llama, se le abrirá. Jesús dijo: Pedid, y se os dará; buscad, y hallaréis; llamad, y se os abrirá (Lucas 11: 5-10).

Anota estas tres palabras. La primera es: *"Pedid"*. El verbo en el original dice: "Pidan y sigan pidiendo". La súper fe te dice pide una vez y todo está hecho, pero a través de toda la Palabra, el Señor dice "pide y sigue pidiendo". Ese pedir denota insistencia. Después dice *"buscad y hallaréis"*. La palabra "buscad" es más intensa. Cambia de ser una súplica, y pasa a ser un clamor. La promesa de Dios es clara: "Clama a mí y yo te responderé".

Y la tercera cosa es: *"llamad y se os abrirá"*. La palabra "llamad" significa "tocar a la puerta". Toca y sigue tocando, aunque no haya respuesta. Sigue tocando hasta que la puerta se abra, hasta que recibas tu milagro. ¿En la práctica? Si tu hijo está enfermo, tú puedes hacer una oración de este tipo: "Señor, yo te pido que sanes a mi hijo en el nombre de Jesús, amén". Eso es petición, pero no es clamor. Puede ser suficiente en algunos casos, pero si no ves ningún cambio, cambia la velocidad a tu oración. Clama con pasión; pide y sigue pidiendo. Jesús dice: Toca, sigue tocando hasta que la puerta caiga. Aporrea, toca la puerta hasta que caiga.

Toca, llama, sigue tocando hasta que la puerta caiga. Si no ves ningún cambio en su familia, sigue tocando; si el negocio no se da, sigue tocando. No dejes de pedir al primer obstáculo. Aunque veas a tu hijo o hija cerrar aún más su corazón, sigue orando, pide con intensidad, clamando, insistiendo, perseverando. Hazlo hasta que la puerta se derribe, hasta que se caiga, hasta que veas el rompimiento, hasta que veas el milagro.

TOCA, LLAMA, SIGUE TOCANDO HASTA QUE LA PUERTA CAIGA. Al final la puerta se abrió por la insistencia y la importunidad del hombre. Imagina la escena: son las tres de la mañana y su esposa duerme a su lado, pero él ora, insiste delante de Dios. El de adentro grita: "Ya te dije, no tengo pan". Pero él insiste. No le importa que los vecinos oigan el golpe de la puerta. "Deja de molestar", le dice la esposa, "los vecinos están escuchando", pero él sigue y sigue orando. "No sigas orando", dicen los que están a su alrededor, "ya no hay esperanzas". Pero eso no es lo que Jesús dijo. Al contrario, Jesús dijo: Pide y sigue pidiendo, no desmayes, y no pierdas la esperanza. Lleva tu petición hasta los límites".

¿Cómo mantener esa vida de oración? La respuesta está en algunas palabras que no nos gustan mucho: compromiso y disciplina.

Compromiso: Es hacer una decisión de calidad por un largo tiempo con todo el corazón, sin volver atrás. Esposo, cuando te comprometiste con tu mujer en el altar, dijiste: "Sí, yo la recibo como mi esposa, y voy a estar con ella para toda la vida". Y ese compromiso dice que pase lo que pase, estarás con ella. Con la oración es lo mismo. Cuando no tenemos deseos de orar, lo que le sostiene es el compromiso. Haz la decisión de orar cada día por tu familia, y mantén ese compromiso.

Disciplina: Es someter nuestra carne a servidumbre para lograr una meta. La disciplina es el motor para empezar a orar, y seguir orando cuando no sentimos deseos. Generalmente es más fácil tener disciplina cuando estás comprometido con otro para hacer algo. Es más fácil hacer ejercicios en el gimnasio que solo en la casa. Por ello la oración de acuerdo es indispensable.

¿Te parece muy difícil? Todo depende de cuánto anhelas tu petición. Si es menos importante que **LA ORACIÓN DE ACUERDO ES INDISPENSABLE.** el esfuerzo que requiere orar, no lo hagas, pero debes ser consciente de que fuiste tú quien tomó la decisión. Escogió tu descanso, tu diversión, tu trabajo o tu comodidad por sobre tu oración. Pero, si como en el caso de mi mamá, mi vida y mi salvación eran más importantes que sus horas de sueño, entonces tome la decisión, y haga el compromiso de pedir y seguir pidiendo hasta que la puerta se le abra.

Su oración debe ser más profunda que una simple frase de "Señor, bendice a mi hijo". El apóstol dice que pedimos y no recibimos porque pedimos mal, para gastarnos en nuestros propios deleites. En la parábola que hemos leído, el hombre fue movido a misericordia por el hambre de otro. Sabía cuál era la necesidad concreta de su amigo. Es preciso ser sensible a lo que nuestros hijos requieren, y orar por ellos con entendimiento y propósito. En vez de quejarte mucho, de tus hijos o de tu cónyuge, ora por ellos.

La oración es poderosa y da resultado, aunque no siempre lo veas de inmediato. Quizás tus ojos naturales en este instante ven las cosas negativas. Te animamos a tener fe, aquella que ve las cosas que no son como si fueran.

Romanos 4:17-22 habla sobre la fe de Abraham. Sus ojos veían que Sara era estéril, que ambos eran viejos, y que todas las evidencias naturales estaban en contra de la promesa de Dios. Pero él demostró tener fe en ese difícil proceso de engendrar un hijo casi al final de su vida. Creyó a pesar de la duda de todos. Y tuvo que seguir creyendo por años a pesar de que no veía ningún indicio de que la promesa vendría. No dé por perdida su esperanza. Si cree que Dios hará el milagro, no importa qué piensen los demás.

Proclame su futuro y el de sus hijos con fe, deje de ver el pasado, y el presente y trabaje por lo que viene. Las cosas visibles son hechas de las invisibles. Cuando Dios le da la promesa a Abram, le cambió el nombre (Vea Génesis 17:5-6). Llamó a Abraham padre de multitudes, aunque él no tenía hijos. ¡Pero en el Espíritu ya estaba hecho!

Una vez que has podido ver de qué manera el corazón de nuestro Padre está dispuesto a responder y satisfacer tus necesidades, dedica un tiempo a reflexionar sobre cómo has concebido la oración, y cuánto has invertido en ella para alcanzar el corazón de sus hijos. ¿A qué límite has llevado su petición? ¿Cuántos has orado por sus hijos? ¿Con qué pasión? Nosotros no sabemos cuánto tiempo has luchado

LAS COSAS VISIBLES SON HECHAS DE LAS INVISIBLES.

con tus circunstancias, pero sí sabemos que el tiempo de tu respuesta llegará. Es preciso seguir orando, es preciso seguir amando, seguir siendo sabios con las palabras. A su tiempo, segaremos lo sembrado.

Una de las promesas más bellas para las madres:

Porque como a mujer abandonada y triste de espíritu te llamó el Señor y como a la esposa de la juventud que es repudiada, dijo el Dios tuyo., por un breve momento te abandoné pero te recogeré con grandes misericordias y tus hijos serán enseñados por el Señor y se multiplicará la paz de tus hijos (Isaías 54: 6-7, 13).

Seas tú el padre o la madre, toma hoy esta palabra para tus hijos y para ti.

Nosotros también hemos pasado tiempos difíciles en relación a la crianza de nuestros hijos, días en los que parecía que la oración no alcanzaba. Mas Dios nos ha sostenido mediante sus promesas. Aquí te dejamos una que nos ha ayudado mucho:

> *Fortalezcan las manos débiles, afirmen las rodillas temblorosas; digan a los de corazón temeroso: «Sean fuertes, no tengan miedo. Su Dios vendrá, vendrá con venganza; con retribución divina vendrá a salvarlos»* (Isaías 35:3-4 NVI).

Te animamos para que la hagas tuya, y recibas fuerza en medio de tu batalla de oración. Por favor, subraya este pasaje en su Biblia, anótalo en tu corazón, tómalo como una promesa del Señor y ¡atrévete a cambiar la historia de tus hijos!

¿Crees en el milagroso poder de Dios? ¡Entonces sigue creyendo! No quites los ojos de Jesús, porque Aquel que te dio la promesa es fiel para cumplirla.

Cómo
GANAR
el
CORAZÓN
de tus
HIJOS

– Estrategias para Ganar la Batalla –

Queremos terminar este libro con varios consejos fundamentales para ganar el corazón de tus hijos.

Primero, si te has alejado de Dios, vuélvete a Él, y Él cambiará tu propio corazón.

Segundo, ora cada día por la salvación de tus hijos.

Tercero, ora sin cesar para recuperar su corazón.

Cuarto, si tu siembra en ellos ha sido negativa, arrepiéntete. Eso implica dejar de hacer las cosas que hacíamos, y dejar de decir lo que decíamos.

Quinto, cambia de semilla. No podemos pretender cosechar algo diferente si seguimos sembrando lo mismo. Escoge buena semilla de la bolsa de semillas de Dios. Pídele a Él que te dé semilla correcta para la siembra.

Sexto y ¡muy importante! Pon en práctica inmediatamente las estrategias que te enseñamos en este libro, y que resumimos a continuación para ayudarte a ganar el corazón de tus hijos:

+ Brinda aceptación y amor incondicional.

+ Persevera en tu amor y tu empeño.

+ Sé ejemplo de la fe y de la fidelidad a Dios.

+ Crea en tus hijos memorias felices de tu hogar.

+ No repitas tus experiencias pasadas en la crianza de tus hijos ni en cómo te relacionas con ellos.

+ Resuelve tus conflictos personales; no los transfieras.

+ Instruye, apoya y cuida a tus hijos.

+ Elógialos; no los critiques ni los compares. Usa tus palabras para sanar, no para destruir.

+ Síguelos amando, y expresando tu amor aunque cometas errores.

+ Descubre sus talentos, y ayúdalos a desarrollarlos.

+ No insistas en imponerles lo que tú quieres que sean. Permite que el plan de Dios se exprese en ellos.

+ Provee un hogar estable, seguro, a donde quieran regresar.

+ Hazte cargo de su formación.

+ Valora a tus hijos.

+ Presta atención a lo que sucede en su mente y en su corazón.

+ Dales tiempo, energía y dedicación.

+ Escucha a tus hijos. No los juzgues antes de que hablen.

- Forma parte de su mundo.

- Sé honesto en tus palabras y acciones.

- Si cometes un error, sé humilde para pedir perdón.

- Aprende a perdonarlos.

- No les demuestres rechazo, ni que te molestan, especialmente cuando les dediques tiempo.

- Da importancia a las cosas pequeñas que son importantes para ellos.

- Trátalos con prioridad, y sentido de compromiso.

- Entiende las transiciones de sus etapas de vida.

- Deja el egocentrismo.

- Sé generoso y de buen carácter.

- Ama lo que ellos aman.

- Trátalos con respeto.

Da el primer paso hacia la reconciliación. No se trata de quién tiene la razón, sino de hacer lo correcto ante Dios. Ama a tus hijos incondicionalmente, como Dios te ama a ti. ¡Vuelve tu corazón al corazón de tus hijos!

Notas

Capítulo 3

1. Consultado en línea. http://www.trafficking.org/learn/statistics. aspx

2. Consultado en línea. http://www.parenting.com/article/ the-new-science-of-mother-baby-

3. Consultados en línea.http://www.livescience.com/18196-maternal-support-child-brain.html. https://med.stanford.edu/news/ all-news/2016/05/moms-voice-activates-different-regions-in-children-brains.html

4. Consultado en línea. http://www.pewresearch.org/fact-tank/2014/04/24/among-hispanics-immigrants-more-likely-to-be-stay-at-home-moms-and-to-believe-thats-best-for-kids

5. Consultados en línea. http://www.huffingtonpost.com/entry/ science-proves-reading-to-kids-changes-their-brains_us_55c-26bf4e4b0f1cbf1e38740. https://www.kinderiq.com/blog/ reading-child-10-reasons/

6. Consultado en línea. http://www.purdue.edu/newsroom/relea-ses/2015/Q4/being-moms-favorite-may-not-be-good-for-your-psychological-health.html

7. Consultado en línea. http://www.eluniverso. com/2012/02/24/1/1384/mas-17-jovenes-ecuador-son-ma-dres-solo-venezuela-lo-supera-america-latina.html

8. Consultado en línea. https://www.psychologytoday.com/ articles/199809/fetal-psychology

Capítulo 6

1. Consultado en línea. http://www.iglesia.net/index.php/
   estudios-biblicos/leer/el-dolor-del-rechazo/

Capítulo 9

1. http://familyfacts.org/briefs/40/
   parental-involvement-and-childrens-well-being

2. Consultado en línea.http://www.childtrends.org/news/
   news-releases/where-and-when-do-teens-first-have-sex/

3. Consultado en línea. http://www.pewresearch.org/fact-
   tank/2014/04/08/rising-cost-of-child-care-may-help-explain-
   increase-in-stay-at-home-moms/

Referencias

- http://rglewis.com/Handouts/ParentTeen%20conflict.pdf

- http://greatergood.berkeley.edu/article/item/
  how_parents_can_start_to_reconcile_with_their_kids

- https://www.extension.purdue.edu/providerparent/family-child%20relationships/differenttypesp-c.htm

- http://www.actforyouth.net/adolescence/demographics/family.cfm

- http://www.statisticbrain.com/
  parent-child-relationship-statistics/

- http://life.gaiam.com/
  article/5-needs-your-child-must-have-met-home

- https://nihrecord.nih.gov/newsletters/2006/02_24_2006/
  story03.htm

- http://www.cbsnews.com/news/
  volunteers-cuddle-babies-at-hospitals-to-boost-health/

- https://www.sciencedaily.com/releases/2014/02/140226155645.htm

- http://www.scientificamerican.com/report/mother-child-bond/

- http://www.scientificamerican.com/article/
  the-brains-of-our-fathers/

- http://www.siue.edu/~jejewel/dr_jeremy_jewells_website_008._jeremy_jewells_homepage.html

+ http://www.ahaparenting.com/
  blog/10_habits_to_stay_connected_to_your_child

+ https://www.verywell.com/tips-to-strengthen-families-617242

+ https://med.stanford.edu/news/all-news/2014/08/new-re-
  search-sheds-light-on-how-childrens-brains-memorize-facts.
  html